マドンナメイト文庫

私の性体験手記 青い性愛

サンケイスポーツ文化報道部

目次

不思議ちゃんの美乳　群馬県・公務員・五十三歳・男性　7
猪に喰われた女　大阪府・主婦・五十三歳・女性　29
交歓コテージ　長野県・会社員・三十六歳・女性　50
低温火傷の女　岐阜県・ピアノ講師・五十四歳・女性　68
ラブホ難民　東京都・パート店員・四十四歳・女性　85
ミント味の先生　兵庫県・行政書士・三十三歳・男性　106
叔父の妻なおこ姉さん　大阪府・会社員・五十五歳・男性　127
ご近所修羅場　千葉県・中学教師・四十九歳・女性　148

青い性愛　神奈川県・会社員・六十四歳・男性　168
ひりつく欲望　滋賀県・会社員・四十八歳・女性　186
アソコの毛を剃っていたなら　埼玉県・自営業・五十九歳・男性　208
お預けと解禁の事情　長野県・会社員・四十三歳・女性　229

編集協力　松村由貴（株式会社大航海）

私の性体験手記 青い性愛

サンスポ・性ノンフィクション大賞とは？

「性にまつわる生々しい体験をつづった未発表の手記」を対象として、二〇〇〇年にサンケイスポーツ主催で創設された。応募期間は毎年五月〜九月。金賞一〇〇万円、銀賞二〇万円、銅賞五万円、特別賞三万円、佳作二万円、また入選手記はサンケイスポーツ紙上に掲載される。選考委員は睦月影郎、蒼井凜花、松村由貴、サンケイスポーツ文化報道部長。

不思議ちゃんの美乳

群馬県・公務員・五十三歳・男性

ちょっと奮発して予約したホテルのダブルベッドに敷かれた純白のシーツの上に、不思議ちゃんは膝立ちになると、自身の両乳房のわきに手をそえ、私のほうへ突き出してみせた。

「ね、見てみて」

取りたてて大きいということはないが、形の整ったきれいな胸である。白い肌に薄青い静脈が透けて見え、桜色をした乳首がツンと上を向いている。

そして、その左乳首と左肩を結ぶ線のちょっと真ん中あたりにポツンとあるほくろが、なんともチャーミングである。

「ほらぁ、いい形をしているでしょう?」

彼女のやや厚みのある色っぽい唇から白い前歯がのぞく。あらためて突き出された乳房を見る。形といい、サイズ感といい、確かに美乳である。

「よろしくお願いします」

そんなあいさつの声に、私は視線を机上のパソコンのモニターからはずすと、部長の机のわきに立つ女性に向けた。

彼女は産休に入る職員の代替で、名前は中西佳奈《なかにしかな》。その日はただ大きな目だけが印象に残った。

不思議ちゃん——そんな呼称を耳にしたのは彼女が来て一カ月たったころ、給湯室で珈琲《コーヒー》のパックに湯を注いでいるときだった。

「じゃ、不思議ちゃんの分は取っておかなくていいってこと？」

「そうなんじゃない？」

同じ課の女子ふたりが冷蔵庫の戸を全開にして会話をしていた。内容は前日、部長が視察先でもらったソーセージに関することのようだ。

聞くと中西佳奈は偏食がひどく、それに少し変わった性格だと課内で話題になっているらしい。女子職員たちは私にそんな話をすると顔を見合わせ、くすっと笑い、肘をつつき合いながら給湯室を出ていった。

そんな言葉に不快な気持ちになった私は、カップを持ち、給湯室を出た。そして自分の席に戻りながら、不思議ちゃんこと中西佳奈を見た。

彼女は真剣にパソコンと向かい合って業務をしていた。私の視線に気がついたのか、こちらに顔を向けると頭を下げた。私も会釈をして自席に戻り、珈琲を置いた。

部下が書類を持ってやってきた。先日のイベントの報告書だった。私は指摘した箇所が修正されていることを確認すると、稟議書《りんぎしょ》に印鑑を押した。書類を受け取った部下は安心したように頭を下げた。

「この添付資料は、中西さんがまとめてくれたの？　この資料がつくとわかりやすいね」

私は聞いてみた。

「はい、そうです。さて報告書もまとまったことですし、打ちあげをしませんか」

彼にとって大きな仕事だったので、なにかひと区切りつけたいようだ。

「いいね。そうしよう。で、さ、その中西さんにも声をかけてあげてよ」

私はそう提案してみた。

「もちろん、そのつもりです」

彼は笑顔で答えてくれた。

「それと、彼女は食べ物の好みが難しいらしいから、いい店、探してあげて」

「はい。ただ飲み物も水しか飲まないみたいですからね。直接、彼女にどんな店ならいいのか聞いてみますよ」

部下は笑顔でそう答えると、戻っていった。私の机の上の珈琲は、すっかり冷めていた。

打ちあげ当日。

半年かかったプロジェクトだけに、かかわった職員の全員が参加した。宴席は大いに盛りあがったが、あっという間にコース最後の料理である抹茶アイスが供された。

「あのぉ、これ、手をつけていないので、食べてもらっていいですか?」

声の主は不思議ちゃんこと中西佳奈だった。

「え、食べないの?」

私が聞くと、佳奈は、

「私、乳製品、苦手なので」

と、きまり悪そうに答えた。

そして、私がふたつめの抹茶アイスを食べていると、

「ほら、もう行きますよ」

部下のひとりに声をかけられた。

せきたてられるように席を立った私は、トイレに寄ってから店を出た。一〇〇メートルほど先に部下たちのうしろ姿が見える。

ふと視線を感じ、振り返ると、そこに中西佳奈が立っていた。

「今夜はお世話になりました」

佳奈は私に頭を下げた。

「あ、どうもお疲れさま」

妙な間が空いた。

週末、夜の繁華街。酔っぱらったサラリーマンがよたよたと歩き、学生ふうのグループが歓声をあげていた。

「あ、あのさぁ、時間あるかな」

私はふっと彼女に声をかけてしまった。

そして、しまったと思った。

「あ、はい。いいですけど」

彼女はキョトンとした顔でこちらを見つめ、そう返事をしてくれた。あとさきのことをなにも考えないまま、声をかけてしまった私は、とりあえず雑居ビルの一室にある個室居酒屋に彼女と入った。

「さて、なにを飲む？」

私は狭い個室内を興味深そうに見まわしている彼女に聞いた。

「私、お水で」

そんな佳奈の答えに、女性店員が不機嫌に、

「おひとり様、飲み物一杯は必ず注文していただくことになっているんですけど」

と返してきた。

「じゃあ、生中二杯で」

私の注文に納得し、店員が出ていく。

「すみません」

佳奈はそう言って、軽く頭を下げた。

「気にしないでいいよ。で、食べ物は野菜系だけがオーケーなのかな?」

「ほかに大豆製品とか、魚なら大丈夫です」

かくしてテーブルの上には冷奴《ひややつこ》、枝豆、そして刺身の盛り合わせが並んだ。私から振った職場のどうでもいい話はすぐにネタがつきてしまった。そうすると、彼女は自分のことを語り出した。

女子職員たちが話していたように肉が苦手で、生きかたも健康や環境に配慮しているということだった。確かに彼女は化粧っ気もなく、ピアスやネックレスなどの装身具もいっさいつけていない。

「貧乏性なんですよ、私」

佳奈は照れくさそうに笑うと、刺身を口に入れた。

「あ、おいしい」

「あのさ」

立てつづけに飲んだ二杯の生中が私に勇気をくれた。

「今度さ、おいしい魚を食べに行かない?」

「こういうお店ですか?」

「いや、そうじゃなくて、そのぉ、海のほうへ行って……の、のんびりと泊まっちゃうとか」

自分の動揺が、頼りない言いかたに表れてしまっている。彼女の返事が気になるが、私は彼女の顔を正視することができなかった。

「べつに、いいですけど」

「い、いいって?」

「あ、お出かけです。いつも親切にしてくださるし」

佳奈は大きな目で私を見つめていた。その目には不思議な魅力があった。私たちはその日交換したメールアドレスを使って、小旅行の計画を立てていった。

旅行当日。

風薫る気持ちのよい日だった。待ち合わせたプラットホームの階段のわきに隠れるように彼女は立っていた。

目深にかぶったつばの広い帽子。木綿の半袖ワンピース。肩にカンバスのトートバッグをかけていた。

私たちが利用した特急の指定席車輛《しゃりょう》はガラガラだった。彼女は車窓を流れていく田園風景を見、私はそんな彼女の横顔を眺めていた。

窓から射《さ》す日の光に、おくれ毛が不思議な光沢を放っている。肘かけに置かれた彼女の右手は爪がきれいに整えられ、私はその手にそっと自分の左手を置いた。彼女は一瞬ビクッとしたが、拒否はされなかった。

やがていくつか列車を乗り継ぎ、マグロで有名な港町でマグロ料理に舌鼓を打ち、観光船を楽しみ、地元の魚料理を出す居酒屋に寄ってから、ホテルへと向かった。

「わあ、広い部屋だねえ」

彼女は部屋の中をひとまわりした。

「いいじゃん、いいじゃん」

彼女は履いていたサンダルを脱ぐと、素足になった。私はそんな彼女の肩をつかんだ。きゃしゃな、力を入れたらぽきりと折れてしまいそうな肩だった。

「え、なに？」

とまどう彼女のワンピースのうしろに手をまわし、ファスナーを下ろす。

「あ、ちょっと待って」

彼女はいったん体を私から離すと、自分でファスナーを下ろした。生成りのワンピースが足下に落ち、彼女の素足を隠した。ややO脚の足には少し体毛が目立ったが、それがいかにも彼女らしく感じた。

むっちりとした白い太もも、コットン生地のショーツの繊維の間から陰毛の先が飛び出している。腰のくびれはきつくなく、むしろやや幼さが残っていた。

形のよいへその上、ショーツと同素材のブラの中には美乳が収まっている。彼女の言によると、やさしいオーガニック・ブラだという。

「そんなに見ないでよ」

彼女の手がショーツの黒々と透けて見える部分を覆う。

「肌、きれいだよね」

私は彼女の左右の二の腕を握った。彼女の白い肌はじっとりと汗ばんでいた。

「ってか、私だけ恥ずかしいよ」

私はいったん彼女から離れると、急いで着衣を脱いだ。見ると、彼女は着ていた物をきれいにたたんでいた。胸がきゅんとなり、私はカーペットの上にかがむ彼女をうしろから抱きしめた。

汗ばんで少しひんやりした彼女の背中に、屹立《きつりつ》した陰茎を押しつけた。彼女が立ちあがると、勃起した陰茎が彼女の背中に引きずられていく。

香水の類《たぐい》をつけない彼女から、ほんのりと彼女自身から発せられた甘い香りがしてきた。私はこの自然な香りを肺に満たし、その香気に包まれたいと願った。

「シャワー、あとでもいいよね」

私は少し説得するような口調で言ってみた。拒否されるかと思ったが、彼女は、

「うん」

とだけ言った。

彼女がすっかり立ちあがると、私の陰茎は彼女のお尻の割れ目にそうようなかたちで収まっていた。一瞬そのまま、彼女をうしろから貫きたい思いにもかられたが、私は彼女の肩に手をかけると、彼女を私のほうに向きなおさせた。

そして、私たちはあらためて汗ばんだまま肌を合わせた。汗でしっとりと湿った彼女の美乳が、私の胸板に圧迫され変形する。私は彼女のおとがいに右手をそえると、上へと持ちあげた。

彼女のぷっくりとした唇がやや開き、大きな白い前歯が見えた。その歯のことを彼

女は気にしていて、笑うときには口に手をそえることが多かったが、私はその彼女の前歯が好きだった。その前歯を思いきり舐《な》めまわした。

「あ、いや……」

案の定、彼女はいやがるそぶりをしたので、左手で彼女の右手首をつかんで、私の汗で蒸れている陰茎を握らせた。

清潔感あふれる彼女に洗ってもいない陰茎を握らせるのは罪悪感があり、嗜虐《しぎやく》的な気持ちになった。彼女の指が陰茎に触れ、握ったのと同じタイミングで彼女の口から吐息が漏れた。

その息からは、デザートで食べた梨の匂いがした。私は左手で、陰茎から離れようとする彼女の右手首を握ったまま、右手を彼女のおとがいから下へ滑らせた。

汗で湿った首すじをなで下ろし、美しいラインを描く乳房の盛りあがりにそって、桜色した乳首をつまんだ。

「あん」

彼女が無意識に腰を引く。それに合わせて陰茎を握っていた手がはずれ、私の陰茎がブルンと空中に放たれる。

ひんやりとした空気を感じ、気持ちがよかったが、それよりよかったのは、彼女がふたたび陰茎を握り返してくれたことだった。

気をよくした私は、右手で彼女の左乳房を二、三回握ったあとに、彼女の左腕を天井に向かって高く突きあげた。

そして、あらわになった左の腋《わき》の下に顔をうずめた。乳製品ぎらいの不思議ちゃんなのに、なぜかそこは乳くさかった。

「ちょっとぉ」

彼女は体をくねらせたが、右手に握った陰茎は放そうとしない。

私はどこか懐かしいツンとするチーズのような彼女の腋の下の匂いを嗅いでいた。

そして、わざとクンクンと鼻の音をたててみた。

チーズの匂いはますます強くなり、彼女の息遣いも荒くなった。そして私の陰茎をこする勢いも強くなり、私の陰茎からも先走りの液がしみ出してきた。

ますます興奮した私は、彼女の腋の下に舌を伸ばした。

「いや、ホント、やめて」

彼女はそう言っていたが、陰茎を握る手はますます強くなる。彼女がその手を動かすたびに、私から出た液が彼女の手のひらの中でニチャニチャと音をたてていた。

「佳奈ちゃん、いい匂い、そしておいしい」

私はそんなことを言いつつ、彼女の腋の下を堪能《たんのう》した。お世辞でもなんでもなく、自然由来の味と香りだと思った。

こういうことがつづくなら、肉やお酒を断つのも悪くないとすら思った。私は舌の先に彼女の腋の下の成分をたっぷりと擦《こす》りつけてから、彼女とキスをした。

ふたりの唇の端から唾液が垂れ出した頃合を見はからって、私は右手を彼女の股間へ持っていった。いや、突っこんだというほうがいいかもしれない。

「こんなのってないよぉ」

シティホテルのカーペットの上、蟹股《がにまた》にされた不思議ちゃんは、ちょっと太めの眉毛をへの字にしてこちらを見ている。

私は彼女と目を合わせたまま、彼女の秘密の部分を人さし指と中指で開いてみた。指に伝ってツッーと、不思議ちゃんの体液がカーペットに垂れた。

私は蜂蜜をすくうような手つきで、襞《ひだ》からあふれる液体を指にからめとると、自分の口へ持っていった。しょっぱくて酸味のする液だった。

「すごくおいしいよ」

私はそうつぶやくと、不思議ちゃんの体液を口中でふたりの唾液とブレンドさせ、彼女とキスをした。

彼女は拒否こそしながったが、唇が離れると、

「バカ」

と言った。そして、

「バカ、バカ、バカ」

と言いながら、ふたたび液体を採取するために股間に戻した私の右手に、自身の突起を擦りつけるように腰を動かした。

「ああぁっ、くうううっ、うううぅ……」

大きな前歯で下唇をかんだ不思議ちゃんは、そのまま私にもたれかかってきた。

彼女の硬くなった両方の乳首が、私の二の腕のあたりに押しつけられてきた。私はそのまま彼女をベッドに寝かせると、そのわきに横になった。

ふたりがいたあたりのカーペットを見ると、カーペットの上に二、三滴しずくが垂れていた。

ベッドの上に横になったふたりは互いの体のラインにそってなで合っていたが、前の晩、興奮してあまり眠れず、この晩も酒の入っていた私は眠ってしまった。

気がつくと不思議ちゃんは、ベッドの上で全裸のまま体育座りをして、テレビを見ていた。ベッドサイドのデジタル時計を見ると0時を過ぎていた。

「なにを見てるの？」

「ニュース。環境汚染の特集」

彼女の背後から形のいい乳房に触れたが、体をかわされてしまった。

「私、今、これ、見ているの」

ちょっと変わった彼女なりのノーだった。乳房ではなく、肩に手をまわすと、彼女はそこまではダメと言わなかった。

やがて、キャスターの締めのひとことで番組は終了し、彼女は無造作にリモコンでテレビを消した。私はリモコンを放した彼女の右手を自らの股間に導いた。

「おち×ちん、見たい」

そう言うと彼女は姿勢を変えて、ベッドに座る私の正面に体を持ってきた。

「えっ？」

さっきまで硬派なニュースを真剣に見ていた人物の言動とは思えなかったが、そのあたりがなんとも不思議ちゃんらしい。

「い、いいけど」

私はおかしな気分のまま、両方の膝を開いた。彼女の大きくて無垢《むく》な瞳に凝視されると、興奮してアッというように間に陰茎が勃起した。

彼女は私の前に腹ばいになると、生き物を観察するように私の陰茎を凝視し、指先でつついた。

「不思議だよねえ、人の体って」

そう言って、不思議ちゃんが両方の手で陰嚢《いんのう》をひろげたとき、私の陰茎はこの年下の職場の部下の前で、恥ずかしいほど前後にひくひく動いてしまった。

「か、佳奈ちゃん、フェラとかってしてもらえるのかな」

少し震える声でお願いする、みじめな自分にすら興奮している私がいた。

「いいよ」

不思議ちゃんの顔が、陰茎に近づいてくる。彼女の髪の毛の先が、私の太ももの内側をくすぐる。彼女の吐息と鼻息が鈴口に半球状に盛りあがる先走りの液にかかる。

やがて彼女の唇が開き、大きくて白い前歯がのぞく。その前歯に食いちぎられてもいいとすら思えた瞬間、

「飲むのはなしだから」

彼女は拍子抜けするようなことを言った。

「ボクが肉を食べたり、お酒を飲んだりしているから?」

彼女はうなずきつつ、陰茎を咥《くわ》えた。とくだん、いやらしく吸いつくようなそれでもなく、かといって事務的なそれでもない。まさに不思議ちゃんといった感じのフェラチオだった。

ときおり、髪の毛を上げる彼女のしぐさは色っぽく、射精してしまいそうになったが、

「ああ、ちょっとなにか出てきてる」

彼女の言で、フェラチオは終了となった。ティッシュで口もとを拭く彼女の背中に小声で、

「ごめん」

と言ったが、とくに反応はなかった。私と彼女とはまたベッドの上で向かい合って座った。

「佳奈ちゃんのも見たいな」

「あ、いいよ」

不思議ちゃんはあっさり膝を開いてくれた。

今度は私が腹ばいになり、彼女自身に顔を近づけた。光の加減で見えづらい部分もあったが、彼女自身は鮮やかできれいな色をしており、テラテラと光っていた。

私はその部分に口をつけ、突起を中心に舐めまわした。さっきより味も匂いも強くなっているのがわかった。

また舐めやすいようにと、少し腰を浮かせるようにしてくれる彼女の心遣いがうれしかった。

「佳奈ちゃんのって、すごくおいしいけど、やっぱり肉は食べないとかの、食べ物とか影響しているのかな」

襞の奥のほうまで舌を伸ばし、彼女を堪能しつつ問いかけてみた。

「うーん、そういうところはあるかもしれないよ」

見あげると、両方の膝に手をかけて真顔で見下ろす彼女と目が合った。

「入れてもいいかな?」

いったん起きあがり、ベッドに座りなおした私は、正面に座る不思議ちゃんに問いかけてみた。

「いいよ」

不思議ちゃんはあっさりと答えた。私はベッドサイドに置いておいた避妊具に指を伸ばした。

「ごめん、私、ゴムってちょっと」

不思議ちゃんはそう言ってこちらを見た。

「そ、そうなんだ」

微妙なやり取りに少し困惑した私は、不思議ちゃんに近づいて、ベッドの上に寝かせ、その上に覆いかぶさる格好となった。

二、三回、唇を重ね、形のよい乳房をなでまわしていると、乳首が硬くなってきたのがわかった。

「それって、外に出す感じ?」

目を閉じて愛撫《あいぶ》を受けている不思議ちゃんにささやく。ぱちっと目を開けた不思議ちゃんはしばらく天井を見ていたが、やがて、

「たぶん、大丈夫と思う」

と言って、ふたたび目を閉じた。

私は自身の屹立に右手をそえると、不思議ちゃんのオーガニックおま×こに、ナマの陰茎を突きたてた。

ジャリジャリジャリ。

私の陰毛と不思議ちゃんの濃いめの陰毛が重なってこすれていく。それまではわりと淡々としていた不思議ちゃんが、私の背中に手をまわし、少し痛いくらいに爪を立てた。

背中に食いこむ爪はきれいに整えられているのだろうなぁ、などと考えながら、射精をした。体中の半分以上が抜け出た感じだった。

不思議ちゃんは肩で大きく息をしている。私はそっと、不思議ちゃんを抱きしめた。

やがて呼吸が整った不思議ちゃんは、私の肩の下あたりから顔を出してつぶやいた。

「ち、ちょっと重いかな」

不思議ちゃんはやっぱり不思議ちゃんだった。

私が慌てて体をずらすと、不思議ちゃんと私のつながっていた部分からふたりの液がじんわりとあふれてくるのを感じた。

私はあらためて不思議ちゃんのおっぱいを見た。それはやはり、まぎれもなく美乳だった。

猪に喰われた女

――大阪府・主婦・五十三歳・女性

私は三十歳で離縁され、帰ってきた故郷の山陰地方の田舎町で小料理店を開きました。

カウンター七席だけの小さな店でしたが、吟味した地酒と手料理が受けて、女ひとりで生きていくには困らない程度は売り上げていました。

町の人は出戻りの私を温かく迎え入れてくれ、なかでも大家の井上《いのうえ》さんは、農業のかたわら狩猟もなさっている六十歳の未婚の男性で、店舗改装の手伝いから、開業したら自分の畑で採れた野菜や猪《いのしし》の肉を差し入れてくれたりと、たいへんお世話になっています。

そして、店いちばんの常連客でもあります。

「由美《ゆみ》ちゃん、まだやっとるだか？」

そろそろ店を閉めようかと考えていたある晩、井上さんが入ってきました。朝が早い井上さんは、いつも開店直後の十八時ごろに来るのに、今夜は二十三時をまわっていました。

「あらイノさん、こんな遅い時間に珍しい」

猪を狩り、自身も大柄で毛深いから、井上と猪をかけて、みんなからイノさんと呼ばれていました。

「ああ、ごっつい大きい猪が獲れたけぇ、解体にえらい時間がかかってしまって、こんな時間になっただ。しまいがけに悪いけど、腹が減って死にそうだが。なんか食べさせてぇな」

野菜の炊き合わせと猪の薫製ベーコンをさかなに、喉を鳴らしながら地酒を飲むイノさんは若々しく、とても六十歳には見えません。

「イノさんがこのまえ獲った猪で作ったベーコンな、脂はあっさりしとるのに、しっかりうま味があって日本酒にもよう合うって好評だぁで」

「だけぇか。ごっつうおいしいと思っただ」

イノさんは真っ黒に日焼けした顔を大きく崩すと、隣の椅子を引いて手招きをしました。

「もう店はしまいにして、由美ちゃんも座って飲みんさい」

イノさんの言葉に甘えて、のれんをしまってエプロンをはずし、イノさんの隣に座って日本酒を注いでもらいます。夜遅く、イノさんと並んでお酒を飲むのは、はじめてです。

「こんなべっぴんさんの隣で酒が飲めるなんて盆と正月がいっぺんに来たようだで」

「イノさんったら、言いすぎだって」

「いや、由美ちゃんは料理上手なうえに、色が白うて目がくりっと大きいきれいな顔しとるで。おまけにスタイルもいいし、なんで返されたんか、不思議でならんわ」

イノさんは、私の離婚を不思議がっていました。

酔いの力も手伝ったのでしょう。私はつらつらと、高校を卒業するまで地元では恋人がいなかったこと、上京した東京で知り合った前の旦那がはじめての男性だったこと、旦那の浮気相手が妊娠して離婚されたことを告白していました。

「いやだぁ、酔ったんだか、イノさんが聞き上手なんだか知らんけど、いらんことまでしゃべりすぎて恥ずかしいわ」

「旦那は大ばかもんだ」

イノさんは怖い顔をして、怒声をあげた。

私はなだめるように、猪を狩るたくましい彼の腕に、そっと手を置きました。

「私の男を見る目がなかったんです。もう、旦那には未練はないですけぇ、大丈夫です」

「そうか。由美ちゃんが悲しんでいるかと思うと、わし、つろうてつろうて」

「お店も順調で、悲しいどころか、毎日楽しくて、帰ってきてよかったと思っています」

私はイノさんに向かって、お酒で火照った頬に両手を当てて頭を下げました。

「イノさんがいつも野菜や猪の肉をタダでくれるけぇ大助かりです。本当にありがとうございます」

真剣な表情になったイノさんがすっと手を伸ばし、私の両手を頬からはずすと、静かに唇を重ねてきました。

「ん……」

酔いのせいなのか、男性の体温を久しぶりに感じたからなのか、私は抵抗なく、イノさんの舌を受け入れました。

「ん……んっ、ぷちゅっ、ネロネロ……」

最初はぎこちなく、しかしすぐに貪るように舌をからめ合い、お酒の味のする唾液を互いに飲みこみました。

お酒の匂い、イノさんの顔の脂の匂い、解体した猪の血肉の匂い。男の体臭に下腹部がむずむずしてきます。

イノさんの唇が私の耳を咥《くわ》え、耳の穴に舌を入れられると、頭から背すじにかけてしびれが走ります。

「くっ……はっ、なんか溺れとるみたい……」

「ムチュ……チュバチュバ……由美ちゃんの耳、ええ味だわ……レロレロ……」

耳を離れたイノさんの長い舌で顔じゅうをベロベロと舐《な》めまわされると、顔をかじられるのではないかと、私はかたく目を閉じて、体をこわばらせました。

「だめ……」

言葉で拒否しても、気持ちとは裏腹にハァハァッと獣のようなイノさんの荒々しい息遣いに、私の興奮はさらに高まり、イノさんのたくましい肩にまわした手に力が入ります。

舌が私のうなじをはうと、ぞくぞくっと背中に震えが走り、もっと舐めてと、頭をのけ反らしてせがみます。

イノさんにカットソーをたくしあげられ、ブラジャーも下げられて、ポロンと出てきたおっぱいを、イノさんは口いっぱいに咥えました。

「由美ちゃんのおっぱい……とてもやわらかい……んん、チュパチュパ……」

じゅうじゅうと音をたてて吸う力は、乳首がちぎれそうに強い。

空いてるほうの乳首をざらざらした指で摘まんで、くりっくりっと擦《こす》られると、乳房の奥がきゅうっと縮み、腰が自然と浮いてきます。

「由美ちゃん、もう我慢できんわ……」

イノさんは立ちあがると、ベルトをはずし、ズボンとパンツを下ろして、ペニスをあらわにしました。

「旦那のんと、どっちが大きい？」

「イノさんのほうが何倍も大きい」

本当でした。

イノさんのペニスは、元旦那の二倍はあろうかと思うほど、太く長く立派なものでした。

「すごく……大きい……おち×ちん……」

感嘆の声をあげ、黒光りするペニスにそっと手をそえると、指に熱さが伝わってきます。

上下に動かそうとした手をイノさんが止め、

「もう爆発寸前だけぇ、刺激したらいけん。頼むけぇ、由美ちゃんのま×こに入れさせてくれんか」

私は誰にでも体を許す女ではありません。しかし、同い年の元旦那にはなかった壮年のやさしさと魅力にひかれ、そして立派なペニスを目《ま》の当たりにして、あそこが濡れて、私も我慢できなくなってしまいました。

私は自分でジーンズを脱ぐと、まわれ右をしてカウンターに両手をつき、ショーツだけのお尻を突き出しました。

「イノさん……入れて」

「由美ちゃんっ……」

猪のように鼻息の荒いイノさんは、ごつごつした指でショーツを一気に下ろすと、すぐ亀頭を膣口に押しつけてきました。

「うそっ……大きすぎ……いやっ、無理。入らないって」

「大丈夫だけぇ、入るって」

ペニスの大きさに焦る私を、イノさんはなだめながら、腰を押しつけてきます。

「くぅ……っ、大き……」

歯を食いしばって、マツタケのような亀頭が膣の中にのめりこむのをたえます。

久しぶりの挿入は、まるで処女に戻ったような気がします。痛みが過ぎ、ペニスに熱さを感じ、膣肉がしびれ出します。

イノさんは何度も腰を揺すり、メリメリと少しずつ膣の中を進み、ついに亀頭が最深部まで到着すると、いったん息をつき、激しく腰を振りはじめました。

「ぎゃーっ」

丸太のような男根の、テクニックもなにもない杭打機《くいうちき》の連打に叫び声をあげる私。

「うおおおおおっ」

イノさんも雄たけびをあげ、さらに腰の動きを速めます。

ペニスで子宮が容赦なく打たれても、無意識にカウンターに頭をつけて、お尻をさらに高く上げて、もっと深く挿しつらぬいてとねだってしまいます。

元旦那との穏やかなセックスとは正反対の、暴力的なまでの交尾に、メスの体が悦《よろこ》びにのたうちます。

「ああっ……壊れる、壊れるっ……おま×こ、壊れるっ」

立派な男根を迎えた悦びの愛液があふれる膣からいやらしい音が響く店内。

グッチュッグッチュッ、ズゴッズゴッ……。

「あっ、あっ、ああっ、ああっ、あうっ……」

嵐のなかの木のように、なすすべもなく揺さぶられる私。

還暦のおじさんの精力の強さに驚かされました。

「旦那とのセックスと、わしのセックス、どっちが気持ちいい？」

「ひぃっ、こっち、こっちがいい……イノさんのぉ、すごっ……」

「由美ちゃん……もう、いけん。出るっ」

ペニスが膣の中で、グオッとふくらむのがわかります。

「うおおおっ……うぐっ……」

獣の雄たけびをあげ、イノさんはとどめの一撃を私の腰に打ちつけました。

私の口から内臓が飛び出しそうな強い一打です。

ドブッ……。

子宮に出された大量の精液の温かさをしっかり感じたとき、脳みそがジーンとしびれました。

「っ……熱い……イノさんの精子……すごく熱い……」

ドブッ、ドブッ……。

止まらない精液の大放出に頭はボォッとしているのに、体はビクンビクンと勝手に跳ねつづけます。

容赦ない征服液に犯された子宮と膣の痙攣《けいれん》は、なかなか止まりません。

「す、すご……まだ、ビクンビクンしてる。あぁ、気持ちいい」

「ハァハァ……十何年ぶりにしたもんだけぇ……が、我慢ならんかっただ。すまん」

私の太ももに垂れる大量の精液を、イノさんがやさしく拭いてくれました。

「十何年ぶり？」

「ああ、田舎の農家を相手にしてくれる女なんておらんけぇな……」

ちょっと自嘲ぎみに話すイノさん。たくましい体と立派なペニスを持っているのに、もったいないなと思いました。

翌日、昼すぎに店に着くと、入口の前に段ボールが置いてあり、中を見ると、採れたての野菜がたくさん入っていました。

いつも手わたしで野菜をくれるのに、今日に限って置いておくなんて、ペニスの大きさと行為の激しさとのギャップに、胸がキュンとなりました。

それから三日間、野菜は毎日店の前に置かれていましたが、イノさんは姿を見せませんでした。

四日後、イノさんから、所有する山の見まわりを兼ねて、ピクニックに行かないかと、お誘いの連絡がありました。

今まで父親のように接していた六十歳の人を、男性として意識している自分にとまどい、返事を迷いましたが、イノさんに会いたい気持ちが勝り、連れていってもらうことにしました。

ピクニック当日。

イノさんの軽トラックに乗って、見まわり中は、当たりさわりのない会話をしていましたが、胸の中はドキドキしっぱなしでした。

正午近くになり、街が一望できる山の頂上の開けた場所にシートを敷いて、私が作ったお弁当を食べました。

おにぎりに玉子焼き、ウインナー、鶏のから揚げ、竹輪とこんにゃくの甘辛煮。おいしそうに食べてくれるイノさんの顔を見ているだけで、うれしくなってきます。

食べ終わると、イノさんと並んで足下にひろがる故郷の田舎町を眺めました。

「わぁ、中学校があんなに小さく見える」

母校を見つけてはしゃぐ私。

「イノさんも、あの中学を出たん?」

「ああ、小学校もいっしょだで」

「やっぱり先輩なんだ……私が十五歳の中三のとき、イノさんは四十五歳のおじさんだったんだ」

十五年後、三十年上の先輩と膣が溶けるほどのセックスをするなんて、不思議な気がします。

「由美ちゃん……」

「ん?」

「このまえのことだがな……」

「うん」

「東京の男としか経験がない若くてきれいな由美ちゃんが、故郷に帰って三十も年上のおっさんとああなって、わし、悪いことしただと思っとるだが……」

「イノさんは、後悔しとるだか？」

じっと足下の景色を見つめているイノさんの横顔に聞きました。

「いや、ぜんぜん。とてもうれしかっただ」

「私もぜんぜん後悔してないだ。とってもうれしかっただ」

「本当だか？」

私のほうを振り向いたイノさんの顔が、パッと晴れました。

「うん」

「わし、長い間、素人の女とやってないけぇ、気がせいて乱暴になってしまって、由美ちゃんを悦ばせとらなんだと、ずっと反省しとっただ……」

頭をかくイノさんがあまりにもかわいくて、思わずイノさんに抱きついてしまいました。

厚い胸に頬ずりしながら、

「とってもよかったで。私もイッたで……」

「本当にイッただか？」

「うん、本当」

イノさんは私を強く抱きしめると、荒々しく唇を重ねてきました。

キスをくり返しながら、私たちはそれぞれ自分で服を脱ぎ、全裸でビニールシートの上に転がりました。

太陽の下で見る、還暦とは思えない筋肉質で締まっているイノさんの体に、心が躍ります。

太陽の光を浴びて黒光りしているペニスは、おへそにつかんばかりに反り返っています。

「すごい……イノさんのおち×ちん、怖いくらいに大きい……」

もうじきこのグロテスクな男根に、体を挿しつらぬかれるかと想像するだけで、膣から愛液があふれ出します。

遠くに見える電波塔のように屹立《きつりつ》した立派なペニスに我慢できず、そっと握りなが

ら、

「イノさんのおち×ちん、舐めていい？」

「いけん、くさいけぇ、いけん」

「くさくてもいいから、舐めさせて」

返事を待たずに、ペニスを咥えました。

ムッとする獣臭と、アンモニア臭がまじったペニスの匂いに一瞬ひるんだものの、お日さまの下だと雄々しく感じられるから不思議です。

私、これから猪に犯されるのかしらと、淫らな妄想が頭をかすめます。

亀頭を口に含むとやはり大きくて、舌を思うように動かせないとわかりました。

それでもがんばってしゃぶりながら右手で肉幹をしごくと、ペニスが口の中でますます大きくなり、先走り液がたくさん出てきました。

ジュボッジュボッ……ジュル。

こんこんと湧き出す先走り液をすべて飲みます。

イノさんから出てくるものは、なんでもおいしい。

イノさんは、上下する私の頭をなでながら、

「うう……こ、こういうの、慣れんもんだけぇ、弱いだぁ……もう少し慣れたら、長く我慢できるようになるけぇ、今日は許してつかぁさい……」

六十歳の男性が苦しげな表情で、三十歳の女に謝るなんて、本当にいじらしい……。

もっともっと舐めたい気持ちを抑えてフェラチオをやめ、イノさんの腰をまたいで、赤黒く光る男根めがけて腰を落としました。

ペニスが膣の襞《ひだ》を押しひろげながら、ゆっくりと私の中に入ってきます。

「うっ……硬いわ……すごく硬い……」

亀頭が子宮口に当たるまで腰を沈めると、愛液がどっとあふれます。ペニスの温かさがじんわりと膣に伝わり、私は大きく息をつきました。

元旦那とはコンドームをつけてのセックスばかりだったので、ナマで感じるペニスの熱さが、こんなにも気持ちいいものかと、イノさんに教わりました。

「由美ちゃんの中、きつい……」

M字開脚で上下に腰を動かすと、イノさんは頭を反らして、気持ちよさそうにうめきました。

「うう……おち×ちんにミミズがまつわりついとるみたいだ……」

「ふふ……ねぇ、おっぱい、揉《も》んでぇ」

おねだりすると、イノさんの手が伸びてきて、荒々しく揉みしだいてくれました。

「ああ……すごく気持ちいい……イノさんのおち×ちん、長くて硬くて最高」

「由美ちゃんのおま×こ、ものすごぉ締めてくるけぇ、たまらんだぁ」

私は空を仰ぎながら、無我夢中で腰を振りつづけました。

「あぁっ……イクイク……」

クリトリスがイノさんの硬い陰毛と擦れ合い、膣中の快感と外の快感が同時に襲い、私はイノさんの胸に突っ伏して果ててしまいました。

「由美ちゃん、イッただか？」

下からイノさんが聞いてきます。

「ハァハァ……うん、イッただ……」

「だけぇ、ま×こがビクビクいっとるんか。この締まりがたまらんわ。わしも出していいか？」

「うん……」

イノさんの上から降り、あお向けになった私は股を開いて、イノさんに向かって、にっこり笑って手を伸ばしました。

「イノさん、来て」

快感に波打つ私の両足を肩に担ぎ、マングリ返しの姿勢にさせられました。

太陽の真下にさらされた秘部を、イノさんがおいしそうに舐めはじめました。

「いやんっ」

「グチュグチュ。うまい、うまいで。由美ちゃんのま×こは、ごっつううまい。おまけにええ匂いがしとるわ」

ざらざらした長い舌で、真っ赤にふくれあがったビラビラを甘噛《あまが》みします。

「ひいいいっ……」

「由美ちゃんのま×こから、ようけうまい汁が出てくるわ。こりゃ、たまらんで」

ぐちゅ、じゅるじゅるじゅ。

わざといやらしい音をたてて吸うイノさん。

「あひ……もう我慢できない。イノさん、早く、早く入れてぇ」

「ああ、すぐ入れたるわ。わしの息子を食いたくて、由美ちゃんのま×こがパクパクしとるわ」

イノさんは半立ちになると、たけだけしいペニスを膣口にあてがい、一気に奥まで貫きました。

「ぎゃあっ……」

鉄棒に串刺しにされ、絶叫する私。ヌラヌラと黒光りする極太の杭が、無慈悲に私の子宮を打ちつけます。

山頂で太陽の真下、欲望のまま貪り合い、原始のリズムを刻む私たちは、もはや猪と変わらない獣と化していました。

「う、う……出して……中にぜんぶ出してぇっ」

「うおおおおっ」

亀頭が子宮口を破りそうな勢いでのめりこむと、精子の塊が私の中に吐き出されるのが、はっきりとわかりました。

「ああっ、ひいいいいぃ」

勢いよく噴射される精液で、子宮はあっという間に満タンになりました。

私の膣襞は、イノさんのペニスから精液を一滴でも多く絞り取ろうとするかのように、ぐいんぐいんと締めあげていきます。

「ああ……ま×この中が、ビクビクする……気持ちいい……」

独りごちる私。射精されたあとの下腹部の痙攣の気持ちよさは、男の人にはわからないでしょう。

子宮からじんわりとひろがる快感の波に身を委ねる心地よさは、女の特権だと思います。

イノさんはペニスを抜くと、あぐらをかいて座りました。肩で息をしながら、私のビラビラを指でひろげ、自分の精液と私の愛液でビチャビチャドロドロになっている膣をじっと見ています。

「やだ。なに見とるだぁ？」

「由美ちゃんの穴が、わしのち×ちんの形になっとるのがうれしくてな。若くてきれいな女を征服したって感じがええが」

「あんな大きなおち×ちんを入れられたら、そりゃ形が残るわ」

「わしもまだまだ捨てたもんじゃないだろ。また、ようけ由美ちゃんの中に入れたるけぇ」

イノさんの言葉に、私はうっとりと目を閉じました。

そのあと、私たちはたびたび逢瀬《おうせ》を楽しみました。

はじめのころの早急さはなくなり、ゆっくりと時間をかけて互いに味わい、絶頂に昇りつめるセックスに、私たちは心から満足しました。

しばらくして、イノさんのご高齢のお母さまが倒れ、介護と農業、狩猟で多忙になり、体の関係は消滅となっていきました。

それでも変わらず面倒見のいい大家さんとして、野菜や猪肉を差し入れつづけてくれるイノさんのことは、今でも大好きです。

交歓コテージ――長野県・会社員・三十六歳・女性

「俺、理花《りか》がほかの男とヤッてるところを見たい」

晴樹《はるき》が、私を見あげながらそんなことを言い出した。

彼にまたがる私の黒髪はじっとりと肌に張りつき、息は荒いままだ。ふるふると揺れる白い胸に、汗が伝っていく。蒸し暑い日曜日の昼下がりである。

会社勤めをしていた二十代半ばの独身時代、私には週末に会って性交するだけの男性、いわゆるセックスフレンドがいた。友人に誘われて行った人数合わせの合コンで出会ったのが、その彼、晴樹である。

晴樹も私と同じような経緯《いきさつ》で参加したようで、隅でつまらなそうに安酒をあおっていた。はぐれ者どうしのふたりが、意気投合したというわけだ。

晴樹はひとり暮らしの大学院生だった。色白の細い体に黒縁の四角い眼鏡。ひとめでインドア派だとわかる風貌をしていた。

私たちは週末になると繁華街の居酒屋で落ち合い、そのまま晴樹の部屋に入りびたった。外見の印象に反して、彼は性欲が強かった。好きだとかつきあうとか、そんなことは言わない。

デートといえば、居酒屋か部屋でのセックス。どちらからもあえて口にしないが、恋人未満のセックスフレンドであることは暗黙の了解だった。

ガツンと大きく、晴樹が腰を跳ねあげる。

「ああっ……」

私の最奥を彼のモノが突き、声にならない声が唇の端から漏れる。ぎゅっと強く、私は歯をかみしめた。

「どう、エッチのうまい友達を紹介するから」

「本気なの？」

晴樹の真意がわからず、私は問いただした。

「もちろん。悪友の康太《こうた》ってやつとさ、旅行でお互い相手を交換して、ヤリまくろう、って話してるんだ」

私は口ごもった。晴樹とこんな関係をつづけている私だが、男なら誰でもいいというわけではない。体だけの関係になった男は、晴樹がはじめてである。

その晴樹が、私とほかの男との関係を望んでいる。わけがわからない。不潔ではないか。

「五月末に、俺たちと康太たちの四人で旅行しないか。無理かな」

晴樹は私の胸に手を伸ばし、乳首をいじる。

「っ、それは反則。ねぇ、それってつまり、寝取られ……いや、違うか。寝取らせってやつ？」

「うーん、そんな感じかな。とにかく俺、理花がほかの男とヤッてるところを見たいんだ。絶対、興奮する。理花だって、たまには変わったこと、してみたいだろ」

晴樹がそんな性的愛着を持っていたなんて、はじめて知った。

「だめかな？」

晴樹は、はにかむように私に問いかける。

私はしばらくためらった。

晴樹以外の男に、ただ快楽のための人形として差し出されるなんて……。

けれどその不埒《ふらち》な提案は、私のなかにくすぶっている好奇心を刺激した。

「いいよ、行こう、キャンプ」

私はおもむろに口を開き、晴樹の誘いに乗ったのだった。

五月最後の週末、私と晴樹、そして晴樹の悪友カップルの四人は、山梨県のきれいな湖のある人気観光地のコテージに集合した。

「こんにちは。晴樹の友達の康太です。よろしく」

彼は大柄で全身が黒く焼けており、Tシャツからのぞく腕は丸太のように太い。建設会社の営業マンだという。

「はじめまして、真利子《まりこ》です」

康太くんのセフレらしい彼女はすらりと背が高く、切れ長の目でいかにも大和撫子《やまとなでしこ》ふうの女性だった。百貨店の化粧品売場で働いているという。

バーベキューをしながら酒を飲んだあと、私は真利子さんと女性どうしで離れの共同露天風呂に向かった。

「理花ちゃんがこのキャンプに来てくれて、私、うれしいんだよ」

「え？　どうしてですか」

にこりと笑いながら話す真利子さんの表情に、私は驚いた。

「私ね、もうすぐ結婚するの。相手は康太以外の人よ。そして、この旅の発案者は私なの」

さらりと、とんでもないことを言ってのける。

「真利子さんの企画だったんですか？」

てっきり、寝取られ属性の晴樹が康太くんとその彼女を誘ったという図式だとばかり思っていたのだ。

「それならどうしてと思うでしょう。最後にね、思い出を作りたかったのよ。康太とその友達に抱かれる思い出。だから、理花さんがつきあってくれてうれしい。ただ、無理はしないでね」

「それはご心配なく。私も好きでついてきましたから」

私は顔の前で両手をひろげ、真利子さんの言葉を否定した。

私たちは古くからの友人だったように、笑い合いながらコテージへと戻った。

男性ふたりはリビングでビールを飲みながら談笑していた。そこへ合流し、カードゲームをしながら盛りあがり、気づけば時計は夜十時をまわっていた。

いつのまにか大量の酒の缶が散乱し、私の顔は赤い。ほかの三人も言葉が少なくなり、怪しい雲行きになってくる。

「じゃあ、理花ちゃん、そろそろ、いいことしようか？」

康太くんは、私の肩を抱き、耳たぶにそっと息を吹きかけた。ドキリと胸が高鳴って、私はとっさに体を離そうとする。

「だめかな。だって理花ちゃん、そういうつもりで来たんでしょ？」

気づけば向かいに座る晴樹も真利子さんの肩をそっと抱き、耳もとになにかささやいている。

いよいよ、エッチする流れなのね……。

観念した私は、康太くんの手にそっと自らの手を重ねた。晴樹へ視線を投げると、視線が合う。

膝に乗せた真利子さんをしっかりと抱きしめる彼は、口を開くと驚くような言葉を口にした。

「そいつ、おっぱいが弱いんだ。あと、手首を縛ってやると、すげえ喜ぶ淫乱だよ」

「な、なにを言うのよ、晴樹」

カァッと頬が赤くなり、私は全力で否定した。

「そうなんだ。やってみようか」

ニヤリと不敵な笑みを浮べて康太くんは、かたわらにあったタオルをつかんだ。それから私の手首を背中にぐるっとまわすと、手首をタオルで拘束した。

私は康太くんの膝の上で、うしろ手に手首を縛られたまま、視線は晴樹と真利子さんのほうへ向いているという体勢だ。

好いている男の前で、違う男に抱かれようとしている自分が、いやらしく感じた。

それでも、もう逃げることはできない。それに、私はだんだん、康太くんの男らしさにひかれはじめていた。

「じゃあ、おっぱいも確認するね」

康太くんが、私のTシャツをまくりあげ、ブラジャーも上にずらす。ブルンと威勢よく、私のまるい胸が飛び出した。大きくはないが、お椀《わん》形の形のいい乳房だと思う。

しかしそれが白日の下にさらされるのは、女としてはたえられない。正面で寄りそう真利子さんと晴樹も、私の動きに注目している。

「おっぱい、やわらかいな」

康太くんはうしろからやわやわと胸を揉《も》む。その繊細さは、晴樹以上だった。太い腕からこんなにやさしい愛撫《あいぶ》が生まれるなんて、想像ができないくらいに。

「いやっ……」

口先だけの抵抗をしたものの、わずか数分の間に、私はすっかりとろけきっていた。それなのになぜか、康太くんは私の胸の頂《いただき》には決して触れてくれない。胸を手のひらで覆い、なでるように愛撫するだけだ。

「あ、あの……」

恐るおそる振り返って、私は康太くんに話しかけた。身動きが取れないから、よけいにドキドキする。

「どうしたの、理花ちゃん」

「お願い、その、胸の先を……」

「ここのこと？」

そう言いながら、康太くんは私の胸の頂を、そっと人さし指でこねるように触れた。

「あんっ……そう、それ」

「してほしかったら、ちゃんとお願いしてみて」

「お願い、私の、胸の先をいじって……」

「いいよ。かわいい、理花ちゃん」

康太くんは笑いながら、私の両胸の頂を同時に人さし指の先でなでた。あっ、というせつないあえぎ声が、たまらず口から漏れる。

私はいわゆる陥没乳頭で、ふにふにとやわらかい桃色のそれは、男の骨ばった指先で触れられるだけで、敏感に反応してしまうのだ。

「ここ、指でいじったら、乳首が出てくるかな」

そう言いながら、康太くんはその部分をこねくりまわす。

「だ、や、あっ」

ジンジンと甘いしびれが、胸の先から全身へひろがっていく。

「ねぇ、晴樹が理花ちゃんのことを見てるよ」

喉仏を鳴らしながら、康太くんは言った。視線を上げれば、真利子さんを抱く晴樹が、熱っぽい目でこちらを見ていた。

「そ、それは言わないで」

「どうして。見られると気持ちよくなっちゃうから？」

康太くんはそう言いながら、意地悪に私の乳首をきゅうっと摘まんだ。

「ひぁっ」

強い刺激に体を縮ませる。とはいえ、手首を拘束されていれば、逃げることもかなわない。私はただ康太くんのなすがままになり、あえぐだけだ。

私の反応を見すかしたように、康太くんは愛撫を強める。

「康太くん、いつまで触るつもり？」

どうしようもない体の奥からのうずきにたえきれず、私は質問した。

「理花ちゃんがエッチしたくなるまで」

「そんな……ああっ……」

康太くんは私の反応をおもしろがるように、両胸の頂を引っぱったり、クリクリと指先でこねまわしたりする。

手首を縛られた私は、そのたびにビクビクと体を動かし、康太くんにしなだれかかる。お尻のあたりに、熱くて硬い康太くんの股間が当たる。

康太くんは私に容赦しない。私の淫らな動きに合わせ、的確に性感帯を刺激してき

た。そして、

「あっ、ひっ、っ、ああっ……」

私は背すじをのけ反らせ、康太くんの膝にまたがった太ももをぎゅっと締めて、ビクビクと体を震わせながら達した。

「乳首だけでイッたんだ。いつもこうなの？」

「そんな……はじめてだよ、こんなの」

晴樹とのセックスでは、必ず挿入で達していた。こんなふうに、胸に触れられただけで達したのは、はじめてである。晴樹と真利子さんに見られているせいもあるかもしれない。

もっとも、当のふたりはまさに目の前で交接し、快楽を貪り合っているのだった。いつの間にか裸になった真利子さんは、晴樹の上で細身な体を震わせていて、とても艶《なま》めかしい。

「晴樹から理花ちゃんのはじめてをもらっちゃったな。理花ちゃん、地味で清楚《せいそ》な雰囲気だけど、晴樹の言うとおり、すげえ淫乱じゃね？」

「そんなこと、な……」

「どう、俺とエッチしたくなった？」

康太くんは私の顔の前にかがみこむと、歯を見せて笑った。八重歯が少年っぽさを感じさせるその笑顔は、やけた肌と相まって男らしく、私の胸は、不覚にもときめく。

「うん……私、康太くんとエッチしたい」

気づけば、私はうしろからまわされた康太くんの腕に頬をすりよせ、その先の快楽をねだっていた。

膝の上で達し、すっかり体を預けている私を抱きながら、康太くんは晴樹にたずねた。

「その前に、なぁ、晴樹、理花ちゃんの口、使ってもいい？」

康太くんが晴樹にたずねる。よくよく考えると、初対面の男に口淫奉仕をするなんて背徳的だ。一気に私の緊張が高まり、心臓が早鐘を打つ。

かまわない、という晴樹の承諾を得て、私はソファに体を預けた康太の正面にひざまずいた。

目の前にある康太くんの肉茎は、天を向いて反り返っている。さおの部分にそっと手をそえ、亀頭をパクリと口に含む。

「んっ……」

唾液でひとしきり湿らせたあとは、先端を吸いながら、さおを両手でゆっくりしごいていく。

「いいよ、理花ちゃん。さすが、晴樹が淫乱認定するテクニック」

荒い息をしながら、康太くんは私の頭をつかんで前後に揺すった。

淫乱だなんて……。

そう言われても、私はむしろうれしかった。

愛撫をつづけると、次第に康太くんも口からあえぎ声を漏らしはじめた。

「理花ちゃん、このあたりでやめておこう。お望みどおり、挿入してあげるから」

康太くんは私を引き離した。ズルリと私の口から出た肉茎は、パンパンに腫れあがり、今にも破裂しそうだった。

「ありがとう……」

「そのかわり、服は脱いでね」

康太くんは私の部屋着と下着を脱がせて、床に放った。康太くんも同じように全裸になり、手ぎわよく男根に避妊具を装着した。

初対面のふたりなのに、全裸を見せ合うなんて恥ずかしい。けれど、私は早くその先をしたかった。

唇から垂れた唾液を拭いながら、私は康太くんに促され、彼の膝に座る。康太くんは自らの肉茎を背後からそっと私の秘裂にあてがう。いわゆる後背座位の姿勢である。

「いくよ……それにしても、さすが晴樹の女。初対面でもぐちょぐちょだ。ほら、こうすれば晴樹が見えるか？」

そう言いながら、康太くんは私の中に押し入ってきた。彼の指摘どおり、秘所はすっかり潤んでいて、剛直をスムーズに受け入れる。ズンと突きあげるような快感に、私は身を震わせた。

「っ……ああっ……」

うしろから男に貫かれている姿を、ふだん交わっている男に見られる。それはとても恥ずかしく、同時に強い快感をともなうものだった。

正面にいる真利子さんも、私の変わりように驚いたようだ。負けじと向かい合う晴樹を抱きしめ、自ら腰を振って、彼を向かい入れている。私はふたりに見せつけるように、腰を動かしはじめた。

見られているという羞恥心が、私自身の奥にひそむ官能を刺激したのである。

康太くんの動きが大きくなる。背後で荒い息遣いが聞こえる。

「あっ、だめぇっ」

私はくねくねと体を動かして、彼の抽送に応えた。助走をつけるように、だんだん動きが激しくなる。肉茎がずるりと抜けるたびに、蜜口からは愛液があふれ、康太くんの股間と太ももを濡らす。

グチュグチュと淫らな水音が、悩ましげなあえぎ声が室内に響く。晴樹と真利子さんも同じように、私たちの視線の先で交わっていた。

康太くんも感じているようで、私たちは、はじめてとは思えないほど、絶妙なタイミングでお互いに快楽を貪り合う。

「理花ちゃん、イキ顔を晴樹に見せてやりなよ」

康太くんは私の顎をグッと固定し、体の角度を調節する。次の瞬間、晴樹とばっちり目が合ってしまう。

「やっ……ああっ」

真利子さんと交わる晴樹が、興奮したまなざしで私たちを見ている。それを意識するだけで、私の体の芯は高ぶっていく。

そして、弓なりに背を反らせた瞬間、私は達したのだった。

翌日、目覚めてみると、晴樹が私の胸をまさぐっていた。視線を上げれば、外はすでに明るい。時間は午前十時。

昨夜、康太くんとの二回戦にのぞんだあと、気を失うように眠ってしまったのだった。

「晴樹、朝からなにを……？」

「休みなんだから。いいだろ……これ、俺のを頼むよ」

晴樹は体勢を変えると、あおむけになった私にまたがってくる。そして、自らの肉茎を私の口に突っこんできた。昨夜はじめて味わった康太くんのモノとは違う、よく慣れた味がする。

「んっ……」

私は何度か、えずきながらも晴樹のモノを愛撫した。晴樹は、どうやら私が初対面の男に悦《よろこ》んで口淫奉仕をしたことに嫉妬しているようだ。

ほかの男とヤッているところが見たいだなんて言い出したくせに、ずいぶんと自分勝手である。

それでも必死に奉仕していると、私の体も熱を持つ。

晴樹が欲しい……。

そっと視線を上げる。晴樹も同じ気持ちのようだった。

私たちはそのまま布団でつながった。正常位で、お互いの手を合わせてピストン運動をする。昨夜の康太くんとは対照的な、穏やかでやさしいセックスだ。

「理花、早く抱きたかった」

「私もだよ、晴樹」

お互いに昨夜は別々の相手と交わったというのに、私たちは燃えあがっていた。康太くんのテクニックはすてきだが、それでも晴樹との体の相性は抜群なのである。

「んっ、ああっ……」

隣室から、女のあえぎ声が聞こえてくる。康太くんと真利子さんだろう。あちらは朝からとても激しいようだ。

獣のようなあえぎ声を聞きながら、私たちは心ゆくまで交わった。

けっきょく二泊三日の旅は、昼と夜はバーベキュー、それ以外はコテージで相手と体位を変え、交わりつづけた。着がえもせず、私はサイズの合わない晴樹のTシャツを着て、彼や康太くんと性交をした。

真利子さんは昨日より大胆になっていた。私の様子を見て、解放的になったのかもしれない。

風薫る五月の湖畔。コテージの外からは、家族や友人とはしゃぐ宿泊客の声が聞こえる。昨夜の狂宴を経験した私たちに、もはや抵抗感はない。

今はただ快楽を求め、相手の体を貪るだけの存在である。

こうしてその初夏の週末は、熱く淫らに過ぎていったのだった。

低温火傷の女

岐阜県・ピアノ講師・五十四歳・女性

私はピアノ講師。教室とは別に演奏活動も行っています。

結婚して二児をもうけ、十年目で離婚したときは三十五歳。これまでつきあいたいと言ってくれる男性はたくさんいましたが、身持ちの堅い私を迷わせる人は現れませんでした。

このまま女としての人生を終わらせてしまうのかなと、少し寂しく思うこともありましたが、ときめかない人に心身を預けるなんて考えられない、と思っているうちに、五十歳になっていました。

そして五十一歳になる直前の春、私の心を揺らす男性と出会ったのです。

演奏先のラウンジにいらした中折れハットの似合う、すらりとした紳士。そのかたは会長と呼ばれ、いくつかの会社を経営されているかたでした。

二度目にお会いしたとき、お食事に誘っていただきました。会長を連れてきてくださったお客様と三人でしたが、いつの間にか、会長と私はふたりだけの世界に入っていたような気がします。

「美穂《みほ》、低温火傷《ていおんやけど》の会って、知ってる？」

会長に聞かれましたので、知らないです、と答えました。

低温火傷とは、高温火傷とは違って、熱さを感じないまま、じわじわと浸食されて、いつの間にか大火傷になっているという話。

「自分では、まさか火傷しているとは気がつかないんだよ。で、それを研究する会なんだ」

会長の話がおもしろく、楽しくてたまりません。

「会長、私も低温火傷の会に入りたいです」

こうして私は、会長が会長を務める低温火傷の会に入れてもらったのでした。

この日から会長とメールのやりとりをはじめましたが、会長は必ず冒頭に、

「美穂？」

とつけてから、おはようからおやすみまで、毎日連絡をくれるようになりました。

三カ月ほどたった夏のはじめ、ホタルを見に行こうと誘ってくださいました。低温火傷の会の一環です。

私は山や川が大好き。ホタルも見たかったたし、ふたりで会うことに胸が高鳴っていました。

いよいよその日。

私は電車に乗り、会長が指定していた駅へ向かいました。

夜の山ですから、ポロシャツにパンツ、スニーカーというデートに似つかわしくない服装でしたが、下着だけは水色の新しいものをはいています。

待ち合わせの駅に到着すると、会長は国産高級車で待っていてくれました。にこりともしないシャープな横顔に、思わずドキッとしました。

会長はいつものように楽しい話をしながら、スマートに車を走らせています。

そして、年齢が六十六歳であること、女性とはいったんつきあったら長いので、経験人数は過去に数人であることなど、いろいろと話してくれました。

空はいつの間にかホタルを迎える夜になっていて、目指すホタルスポットに到着です。

闇に目をやると、ピカーッ、ピカーッとやわらかい明かりが無数に光っています。

わあっ、すごい。

本当に美しいホタルの大乱舞です。

川のせせらぎの音だけが聞こえる世界に、私と会長とホタルだけ。真っ暗で危ないから、会長は私の腰に手をまわし、体を支えてくれています。

しばらくホタルを見ていると、会長が私の左手を自分の腰に持ってきました。

え？　これでは向かい合ってしまうわ……。

私の胸の鼓動が速まります。

でも、ホタルを見ていた目を移して、会長の胸に顔を埋《うず》めてしまいました。

そんな私をギュッと抱きしめてくれた会長が、私のおでこにキスをしました。

「顔、食べられたことある？」

「ないです」

すると会長は、唇で小刻みに私の顔を食べていきました。

口を閉じたまま、唇だけを使って、皮膚をそーっと食べていくのです。頬も鼻も目も、そして耳もうなじも……。

やわらかく、やさしい唇のタッチに、私はとろけてしまいそうです。腰を抱きかかえられ、体をくっつけたまま、長い時間、顔中食べられて、もうたまりません。キスしたい。でも、唇は食べてこないのです。

……なぜ？

私はたまらなくなって、長身の会長の唇めがけてジャンプしました。そしてこのあと、会長と私はホタルに見守られながら、何度も何度もキスをしました。

「美穂、セックスは好きか。オレはセックスが好きなんだよ」

会長が私に言いました。

じつは、私はセックスのよさを知らなかったのですが、この人とならば好きになるに違いないと、キスで確信したのでした。

「うん、たぶん」

私はそう答えました。

しばらくホタルを観賞したあと、さあ帰ろうと、会長が車に向かって歩き出しました。電車の時間に間に合うよう、スピードを上げて、山道を下りてゆきます。

「低温の会に入ってよかった。みんな、こんなに楽しいのね」

別れぎわ、私が言うと、

「低温火傷の会はあの日に発足して、会員はオレと美穂だけ」

会長が笑いました。

……えっ、そうなの？


会長はなぜ、自分からキスしてこなかったのだろう。セックスが好きって、どういうふうなんだろう。なぜ、今夜はそのまま帰したのだろう。

私は自分から迫る女ではない。

なのに、どうしてジャンプしてしまったんだろう……。

ガタガタ揺れる電車の中で、私はさっきまでの夢のような出来事を振り返っていました。でも、あんなにときめいたキスははじめて。会長には言えなかったけれど、新しい水色の下着は汗と興奮で重たくなっていました。

そして、気づいたのです。いつの間にか、自分が低温火傷してしまっていることを。

帰宅してから、私は今日のお礼のＬＩＮＥをして、それから長い長い告白文を送りました。

私たちは毎週デートしました。ホタルも二度見に行き、パワースポットといわれているところや食事など、いつも会長がデートコースを作ってくれました。

そして、次のＬＩＮＥがきました。

——美穂？　日曜日はゆり園で花を見たあと、美穂のボディーチェックをしようと思います。

ついに、その日が来たのです。

ゆり園はゴンドラに乗って山上に登ります。ふたりきりの空間で、恋人つなぎにしていた手をほどき、キスをしました。

そのあと、きれいな花をバックに会長が私の写真を取ってくれましたが、私は恥ずかしくて照れていたと思います。

ゆり園をあとにし、会長が車を進めます。着いた先はラブホテルでした。

部屋に入ると、ソファに並んで座り、キスをします。ホタルを見に行ったときにはじめてキスをしてからというもの、会うたびにキスを重ねてきたけれど、会長とのキスはいつもとろけてしまい、私はキス魔になりました。自分からキスを求め、夢中で舌をからめます。長い長いキス。

でも、今日はキスだけでやめなくてもいいのです。このあと、ボディーチェックがあるのですから。

腰、背中、お尻……キスをしながら会長は、私の体に少しずつ触れてきます。そして、会長の手が私の胸に伸びてきました。

「あっ……」

私の小さな胸はもともと感じるほうでしたが、授乳後、乳首がしっかりサイズになってからはとくに感度が増しています。そこを触られて口に含まれると、子宮までドクンドクンします。

あぁ、昔より感じるかも……。

長い時間、乳房への愛撫《あいぶ》はつづきました。そして、会長は私の赤いワンピースを脱がそうと裾をたくしあげはじめました。少し派手めな赤いショーツまで脱がされてしまいそうです。

「ちょ、ちょっと待って。先にお風呂に……」

哀願したのですが、会長の手の動きは止まりません。でも、ゆり園でさんざん汗をかいた体です。

恥ずかしくて、このまま身を委ねるわけにはいきません。力ずくで会長の腕を振りほどき、いっしょにシャワーに向かいました。

恥ずかしい……。

五十一歳になる肉体を好きな人に見せることが、こんなに恥ずかしいとは思っていませんでした。9号細身サイズ、衣服を着ていれば十歳は若く見られるのに、裸には自信がありません。

でも、会長も私に、

「オレの、見ちゃダメだよ」

とひと言。やはり会長も、恥ずかしいのでしょう。

さあ、ここまできたんだもの。あとは身を委ねるだけ。

バスルームから出ると、私たちはベッドへなだれこみました。

私はもう十分すぎるほど、準備ができています。会長は指でそれを確認すると、ゆっくりと私の中に入ってきました。

グググ、ゴゴゴ……。

そんな音がしたような気がしました。

なんだろう。痛いわけではないけれど、息苦しい感じ。

私、会長に抱かれているんだ。それに今、私の中に入ってリズミカルに腰を使っているこの人は、いつも経済や仕事の話をしている人なのだ……。

そんなことを思うと、頭がクラクラしてしまいます。

正常位から船のような向かい合わせの体位に移り、会長は腹筋を使って私を支えながら奥へ向かってきました。

私が上になるはじめての体位。もうなにがなんだかわかりません。奥が熱い。私のあげる声が大きくなる。

泣き叫ぶ歓喜のなか、

「美穂、気持ちいいの？」

私は会長の質問にひと言だけ漏らします。

「私、そんな女じゃない」

そこから先はもう覚えていないのだけど、長い時間、会長の洗礼を受けていたように思います。

「見たら、ダメ」

終わってシャワーに行くとき、会長は今まで私の中に入っていたものを隠しながら歩いていきました。

時計を見ると、ここに来てから七時間が経過していました。

帰りの電車を降りて、私はどうやって帰宅したのか、覚えていません。

すぐにベッドに入ったのだけれど、その夜、三十八度の熱が出ました。だるい体を横たわらせ、会長との初体験を思い出しながら、まる一日ベッドで過ごします。

それにしても、あんなにすごいセックスはこれまでしたことがありませんでした。

翌日は熱も下がり、日常を取り戻しました。

そして一週間後、またデートの日がやってきました。

この日は共通の知人といっしょだったのですが、途中で買い出しにふたりで出ました。

「ボディーチェックするよ」

そう言うと、会長は空き地に車を止め、私のシートを倒しました。

……え、ここで？

巧みな舌技の織りこまれたキスをしていると、私はすぐに潤ってきます。会長はそれを見越しているのか、私のワンピースと下着を脱がせ、自分のズボンも下ろし、私のあそこに少しこすりつけてから入ってきました。

ググググ、ゴゴゴ……。

つながった部分は少しの隙間もなく、会長の出っぱった頭がコリコリいうのがわかります。

気持ちいい。どうしよう。

そして私は頭が真っ白になり、キラキラとした光とともに、ハイジの草原に咲く白い花に身を委ねていました。

これがイクっていうこと？

次のデートはいよいよ温泉旅行。会長が言うところの「新婚旅行」です。

会長の車が目的地に向かって高速道路を飛ばします。

途中、サービスエリアで休息しながら、無事に到着です。一生の思い出に残る旅行だからと、四国の高級ホテルのいちばんよい部屋を取ってくれていました。

夢のような部屋に入るなり、そのままベッドへ倒れこんで、食事前の草原体験。終わってから身支度を整えると、会長は紳士、私は淑女の顔をして、ホテルの豪華ディナーへ向かいました。

楽しい会話とおいしい食事を終えて部屋に戻り、バルコニーにある大きな風呂にお湯を張りました。そこにふたりで入り、いつものように隠していない会長の大切なところを見てびっくり。

あれ、ちょっと大きいんじゃない？

下を向いているのにフルサイズくらいある……。

そう思いながら、口に頬張ってみると、みるみるうちに口いっぱいにふくらみ、思わず口から出して叫びました。

「大きい！」

「だから、はじめに美穂に見せたら、怖がってできなくなると思って、見せないようにしていたんだよ」

会長がニコニコ笑いながら言いました。

それにしても大きいのです。私の手首よりかなり太く、手首から肘くらいの長さのあるそれは、大きいのは苦手だという私の概念を壊しました。それに痛いどころか、気持ちいいのです。そしてなによりいとおしい。

バスタブの縁に手を突き、挿入を待ちます。いつものようにゴゴゴ……という感触とともに勢いよく入ってきました。あんなに大きいから、こんな音がしていたということがわかりました。

今日は疲れたし、もう何度もしたたし、今夜は会長の厚い胸板にすべてを預けて眠るのね。

そんなことを思いながらお休みのキスをしました。

ところがキスはお互いの心身を高揚させ、おやすみどころか、走り出させました。

信じられない。でも私は、キスをして、胸を触られたら、もうスイッチオンです。

「おいで美穂、お花畑に連れていってあげる」

会長も私の腕ほどのものを突きつけてきました。

そして、私はお花畑へ……。

たくさん愛し合えたし、素晴らしい新婚旅行だったのは言うまでもありません。

以来、私たちのデートは週二回に増えました。太陽の下で自然を楽しんだあと、ラブホテルへ。そしていったん入ると、最短でも四時間は出てゆきません。私がお花畑に飛んでいくのは、一回戦で数十回だと思います。大きい波、小さい波がどんどん押しよせてきます。

こうして彼の出現と閉経が重なって、めまぐるしく動きはじめた私の体は、日に日に熟成し、クリトリスの形と大きさにも変化が表れたのです。

会長も私の体の変化に気づいたようで、

「なんかクリ、大きくなったんじゃない？」

と言いました。それから会長はなにかあると、

「やりすぎだ」

とか、

「自分の胸に手を当ててごらん」

などと言うのです。会長は私が自慰行為をしすぎていると勘違いしているようです。

確かに私の割れ目は、いつの間にか真ん中の突起が大きくなって、いつも顔を出しています。割れ目の真ん中にかすみ草がちょこんとおかれている感じです。

はじめのころは下着に触れて痛いので、ジーンズなどははかないようにしていたけ

れど、今では指で強く触れられても痛くないどころか、強い快感を得られるようになりました。

だからなのか、会長と交わっているときも、そこに当たったり、擦《こす》れたりすると気持ちいいのです。でも、自分で触ってみると、気持ちはいいけれど、興奮もしないし、イキそうになるわけでもないから不思議です。

かすみ草は顔を出して主張しているのに、そこをすっ飛ばしたまま、最近の会長は私のアヌスを愛撫します。

舐《な》めたり、指を入れたり……。

違うでしょ、と心のなかで叫びながらも、新境地の開拓に体がビクビクしてしまう私なのです。

淫乱……。

この言葉をなにかで見たとき、私はもう淑女ではなく、淫乱なんだなと思いました。

これまでどれだけの体位を教えてもらったでしょうか。会長は私にゆっくりとたくさんのことを教えてくれるので、私は入口も、中も奥も、ポルチオというところも、乳首も、何度でもイケる体になっています。

そして三年が過ぎ、私は五十四歳になりました。会長はまもなく七十歳です。相変わらず会長とは、登山や絶景を求めて週三のペースでデートしています。そして、どんなにクタクタになっていても最終はラブホテルへ。

私たちは肉体だけでつながっているわけではないけれど、このままできるだけ長く、元気で愛し合いたいと思います。

そういえば一年前に発覚したのですが、会長には実保《みほ》という私より前からつきあっている女性がいました。週に何度会っているのかわからないけれど、たぶんこの女性にも手ほどきしているのでしょう。

でも、低温火傷にかかっている私は、どうにもこの熱源を手放せないでいるのです。

ラブホ難民

東京都・パート店員・四十四歳・女性

多目的トイレでエッチして、相手の女性にそれを公表されたタレントがいた。じつは、私と彼も利用したことがある。

私は四十四歳。彼は私より二十歳以上年上の年の差カップル。それもお互い伴侶がいるダブル不倫どうしである。

新型コロナウイルスによる緊急事態宣言が解除された週末だった。彼と待ち合わせていたが、

——部屋が空いていない。

と、メールがあった。

デートは、いつも彼がラブホテルに先に入って、部屋番号を私にメールする、とい

う方法をとっている。

満室って……。

みんな考えることは同じようだ。緊急事態宣言中は我慢して、解除になってドッとくり出したということだろう。

私たちもずっと会うのを我慢していて、久しぶりのデートだった。三十分ほど彼を待たせて、いつものラブホ前に着いた。

ふたりでエントランスに入ると、若いカップルが四組ほど待っている。これは時間がかかりそうだ。あきらめて外に出る。

近所のラブホをまわったが、どこも満員だった。ここのラブホ街は、最近ライブハウスなどが多数できて、若者たちであふれている。

きょうは無理かな。彼に久しぶりに会って、なんとなく体がうずいているのに……。

仕方なく駅方面へふたりで歩いていった。

途中、大きな量販店の前を通った。そのとき彼が立ち止まり、私を見た。ここには多目的トイレがある、という意味だとすぐにわかった。

以前、彼がデパートなどのトイレでしてみたいと言ったときに、ここにも偵察に来たことがあった。

そのときは変態っぽい彼の主張で、デパートの男子トイレを選んだ。ラブホのトイレで入念にリハーサルをして、ことに及んだのだ。

しかし、ふたりとも異常に緊張していた。彼の指示に従って男子トイレへ。すばやくすますためにノーパンだった。ハイヒールを履いて、バックから挿入しやすいようにした。

緊張の度合は、彼のほうがひどかった。挿入はしたが、なかなか出ない。必死に動いていたが、とつぜん、

「オシッコ!」

と言い出したのだ。

そのときの彼の言いわけ……気持ちよかったが、出そう出そうと思っているうちに、出るのがオシッコか、精子なのかわからなくなった、とか。

結果は残念、射精というにはほど遠い、勢いのないドロッとしたオシッコのようなモノだった。なんだコレ、という感じ。

彼の落胆はひどいものだった。

危険を冒してここまでしたのに……。

私も彼が気の毒になり、なんとかしてあげたかった。

彼のモノを咥《くわ》えて必死に刺激したが、立ちあがらなかった。とにかく男子トイレから出なくてはならないので、彼を励まして、用心深く脱出したのだった。

えーっ、本当にここでするの？　冷や汗をかいたあの失敗を忘れたのかしら。いやだなあ。多目的トイレでどうしても……。

私は気が進まない。

しかし、彼は私の腕をつかみ、どんどん量販店の中へ入っていく。

多目的トイレは量販店の二階にあった。変なことをしないようにか、多目的はトイレコーナーのいちばん手前、人の目につく場所に設置されていた。

トイレには使用中と表示があった。しばらく見ていると、車椅子の老人が、娘らしき中年女性につきそわれて出てきた。

彼が私の服をツンツンと引っぱる。

あれをまねしようというの？

男子トイレでした前のときとは違う。

だって、急なんだから……。

服装だってスカートではなく、ガウチョパンツだし、ハイヒールもはいていない。リハーサルもしていないし、どうするの？

確かに彼と私は父娘《おやこ》に見えないこともない。彼は白髪だし、マスクをしたら老人そのものだ。


そういえば、彼と出会ったとき、氷雨が降る十二月にもラブホを探して歩いた。その思い出がチラリと脳裏をかすめた。

彼は、私が真木《まき》よう子に似ていると言い、まきちゃんと呼ぶ。似ていないと思うけど、好きに呼ばせている。

私のほうは、彼の名前や愛称などはいっさい言わない。だって不意に出たらたいへんだから。そのあたりがダブル不倫の難しいところ。

出会いは十年ほど前だ。夫はモヤモヤ病とかいう理由のわからない病気になり、失業した。長男は小学校入学でお金がかかる。

私は一生懸命に働いた。そして、生活に疲れきった。ストレスがたまり、頭が変になりそうだった。

春、夏、秋とがんばりつづけ、冷たい雨が降る十二月に疲れがドッと出た。涙もドッと出た。傘も持たず、公園のベンチで泣いていた。

ずぶぬれの私を傘に入れてくれたのが彼だった。

「風邪ひくよ。この傘をあげようか?」

首を横に振ると、彼は私の腕をつかんで歩きはじめた。私鉄沿線の学生でにぎわう街の裏側、ラブホが立ちならぶ方向だった。

そのとき、彼がどんな魂胆だったのか知らないが、私には逆らう気力もなかった。急に雨が降り出した土曜日の午後二時すぎ、ラブホに入った。私は、もうなにをされてもいい、好きにしてくれていい、というような精神状態だった。

「満室」

彼がつぶやいた。次のホテルへ……また満室。三軒くらいつづいたのだ。私は無気力について歩いていたが、正気に戻った。

彼が笑ったからだ。

「さすが学生街だね。冬休み前の土曜日は満員。難民になっちゃった」

私は恥ずかしさで、どうしていいかわからなかった。それと同時に寒さが襲ってきて、体がガタガタと震え出した。

彼がなんとか〝OPEN〟と表示が出ているラブホを見つけて、震える私を連れこんだ。

「とにかく暖まりなさい」

彼がバスタブにお湯を張って、風呂に入れと言う。

彼に連れまわされている間、私は逃げ出すことを考えなかった。

ヤケクソな気持ちもあったし、彼が悪い人には思えなかったので、ラブホに誘われるままついてきた。怖いとは思ったが、寒さにはたえられず、お風呂に入った。

お湯の中で体がほぐれると、今度は涙があふれてきた。われを忘れて、声を出して泣いてしまった。

彼が驚いて、お風呂のドア前に来た。

「どうした。気分が悪いのか？」

「大丈夫……」

私がお風呂から出ると、彼が私の服をタオルで拭いて、ハンガーにかけていた。それを見て、また涙があふれて、泣き声が出てしまった。

ベッドの端に座っている彼に、抱きついてしまった。やはり正気ではなかった。そのあとのことは、ボンヤリとしか覚えていない。

着がえて帰るときに、ジンワリと体の芯に快感が残っていた。その感覚が私を現実に戻し、気力も蘇《よみがえ》らせた。時計を見ると、まだ六時。帰って夕食を作らなくては、と思っていた。

別れぎわに、彼が名刺の裏に電話番号を書いてわたしてくれた。それがつきあいのはじまりだった。

ラブホ難民からはじまって交際十年、今度は新型コロナで非常事態宣言。その解除の週末にふたたび路頭に迷っていた。

多目的トイレか……。

マジで行くの？

そこでするの？

私たちはいったんそこを離れた。

「作戦会議だ」

彼は帽子を取り、長めの白髪を出した。私と会うときは年齢差を隠すためか、スポーツ帽をかぶっていた。

さらに私の日傘を取りあげて、きつく巻きなおし、つえのようにした。マスクをして、少し前かがみになると、もうすっかり立派な老人だ。

私があきれて見ていると、私の腕にすがりつき、ゆっくりと歩き出す。ここまでやるかと思いつつ、量販店の入口に再度向かった。

えーっ、いきなり本番？　うまくいくかなあ。

と思ったが、彼はヤル気満々だった。ゆっくりと老人らしくエレベーターを使って二階へ。

多目的トイレは空いていた。父親のつきそいをする娘のように、彼の手を取ってトイレに入った。

トイレの中は広い。普通の個室の六倍はあるだろう。両側に手すりつきの便座、洗面台も大きい。

車いすを置くスペース、方向転換するためだろう、なにもない平面も二畳くらいある。赤ちゃんのオムツを替えるための作業台まで用意されていた。

トイレに入ってすぐに鍵をかけた。彼の腰がピンと伸びる。私を抱きしめてキスをしてきた。おあずけをくったぶん、少し乱暴だった。

私をうしろ向きにして、便座横の手すりを両手でつかまされた。彼の手が私の乳房を揉《も》みしだく。

「ああ……」

声が漏れると、彼が私の口を手で塞いだ。

「静かに。その声はダメ」

どうしろと言うの。だって、出てしまう。

私は歯を食いしばって我慢した。ブラウスの下から手を入れてきて、じかに乳首をつまんだ。

私の腰が勝手に動きはじめる。自然にうしろに立つ彼の股間を刺激するようなかたちになった。硬いモノが、私のお尻の谷間に当たっている。

手すりをつかんだまま、うしろから入れられるの？

それにはガウチョパンツを脱がなくてはならない。いくら清潔にしてあっても、トイレの床にじかに脱ぎ捨てるのはいやだ。

「ちょっと待って」

私はガウチョパンツを足から抜き、手すりにかけた。パンティーは下げればいい。それを見て、彼がズボンのチャックを下ろす。

うしろ向きの私のお尻に両手をかけ、パンティーをくるりと剝《む》いて、狭間《はざま》をひろげる。彼の熱いものを谷間に感じる。

私は十分に潤っていると思ったのだが、そうでもないようだ。入口から奥に進まない。無理に押しこまれると痛い。

私が痛いと言うので、彼は遠慮しながらゆっくりと動く。だけど、いっこうにスムーズにならない。彼が焦りはじめた。

「待って……」

私はうしろを向いてしゃがみ、彼のモノを咥えた。十分に起立している、それを唾液でヌルヌルにする。赤黒い凶暴な顔つきになった。

ふたたびうしろ向きになり、彼を迎え入れる体勢を取った。入口に当たり、ギリッ、ギリッと侵入してきた。少し痛いが、その異物から快感も伝わってくる。

「まきちゃん、キツいよ」

「そんなこと言われても、わからない……」

奥の奥まで彼が入ってきた。

「うう……うう……」

声を殺して、気持ちいいような苦しいような不思議な感じを彼に伝える。彼は彼で、キツすぎて動けないとボヤく。

男子トイレのときと違って、今回は私のほうが緊張の度合が大きいのか、愛液が少ないようだ。

変だなあ、いつもは多すぎるくらいなのに。

「まきちゃん、力を抜いてよ」

「わからない。力は入れてないけど……」

けっきょく彼のモノが奥まで届いて、キツキツのまま前後に動いた。気持ちいいのだが、痛がゆい。彼が引き抜いて、ヒリヒリすると文句を言う。顔は笑っていた。

私も彼の通った道が少しヒリヒリする。

自分では、自分のアソコはどんな感じなのかわからない。彼は私のアソコはキツくて具合がいいとよく言う。自然にそうなるので、ゆるめろと言われても、どうしようもない。

こんなこともあった。彼が二本の指を入れてきたが、私が感じてくると締めつけが強くなって、痛すぎて悲鳴をあげた。それからは指を使うときは一本だけだ。

男のアソコは骨がないから、締めつけられても気持ちがいいだけだが、骨のある指は重ねて圧迫されると痛いのだろうと彼は解説していた。

名器とか彼が言うが、自分では確かめようがないし、男性経験だって多くないので、本当かどうかは関心がない。

挿入までは果たしたものの、けっきょく射精までにはいたらなかった。それでも彼は、満足そうな顔をしていた。

「まきちゃん、興奮したんだろ。すごく締まっていたよ」

だから、わからないって言っているのに。ま、彼が満足ならいいや。なんか半端な感じはあるけど、私の気持ちとしては……。

多目的トイレの外の気配をうかがい、静かに内側のドアを開け、彼は腰を曲げながら私の腕につかまり歩き出す。さながら娘に支えながら歩く老いた父のように……。

そして誰にも疑われることなく、ヨタヨタと日傘をつきながら店の外へ出た。わずか二十分ほどの行動だったが、非常に疲れた。

満足顔の彼に、なんだか腹が立ってきた。

久しぶりに会えたのに。ストレス解消のデートなのに……。

悪さをした量販店を離れると、私は腰を伸ばした彼の腕に、きつくしがみついた。

「そうだね。モヤモヤが残るよね」

彼も発射していないし、できたら普通に抱いてほしかった。彼もわかっていた。帽子をかぶりなおし、日傘をさした私と並んで歩く。

目指すはふたたびラブホ街。

ライブハウスの前に並んでいた若者たちの列が消えていた。開演したのだろう。これなら空き部屋があるかもしれない。

二軒、三軒とまわったが、空いてない。またラブホ難民になってしまった。十五分ほど歩いて、隣の駅に近づくと「空」のネオンが一気に増えた。

清潔そうな落ちついたホテルにチェックイン。もうお互いにガツガツ貪るようなエッチはしない。が、きょうは「おあずけ」と「中途半端」なデートだったので、部屋に入ると長いキスを交わした。

バタバタと服を脱ぎ捨てて、彼に組み伏せられる。前戯もそこそこに、彼が侵入してきた。今度はスムーズだった。やはり、多目的トイレでは私のほうが緊張していたらしい。

喜び勇んで、彼が動き出す。

「あっ、あっ、あっ、あっ」

彼の突きに合わせて、自然に声が漏れ出てくる。彼の息遣いも荒い。早くも私はイク寸前だった。

快感がこみあげてきて、シーツを握りしめると体が震えた。ガクッ、ガクッと勝手に体が痙攣《けいれん》する。

「きょうはどっちかな。くすぐったいか、深い快感か？」

私がイクと、彼が必ず試す。痙攣がつづいている私のクリトリスを舐《な》めるのだ。どっちの感覚なのか、されてみないとわからない。

でも、きょうは抱かれたくて仕方がない状態だった。彼の舌遣いの心地よさに、大きな声をあげていた。

痙攣をくり返す体を、大きくのけ反らせていた。脳にジンジンと光が点灯するような感覚だった。

余韻に浸っていると、体を反転させられて、バックの姿勢にさせられる。うしろから深く挿入されると、またも体が勝手に波打つ。

その状態を彼はこう話した。つながっている部分を中心に、前後左右そして上下にもクネクネと動かしている、いや動いていると。

私は、自分の体が自然に動いてしまっているので自覚がない。なぜそうなるのかもわからない。

「気持ちいいなら、いいじゃない。男としては、自信が湧いて最高にいい眺めだよ」

いつも喜んでくれる彼が好きだ。私の動きがおさまると、ふたたび正常位で責められ、やがて私が上になる。最後は正常位で、おなかの上にフィニッシュだ。

これが最近のルーチン、四回くらいイカされて終わりとなる。

私は一回でも満足なのに。だって、イキすぎると疲れちゃうから。

以前の彼はもっと元気だった。正、横、後、横、正、上、正と七、八回ほど私をイカせないと終わってくれなかった。

お互い年を取ったのか。ベッドで互いに息を整えながら、話をする。たまったストレスをエッチで発散して、少しだけ悩みなどを聞いてくれる。それだけで、また正気で現実に戻れる。

彼も同じだと言う。お互いの家庭のことはあまり話さないが、十年も交際していれば、だいたいのことはわかってくるものだ。

「ねぇ、きょうさ、ヒリヒリしたじゃない。最初に、まきちゃんとしたときを思い出した」

彼はセックスレス夫婦で、私は忙しすぎて久しくエッチをしていなかった。ふたりで激しく燃えて満足して帰宅したが、お互いに性器がヒリヒリしたと後日笑い合った。

それから月に二、三回デートをするようになる。いろいろなことを試した。いや、彼がオモチャで私の体をもてあそんだのだ。

私がいやだと言えば使わなかったが、ローターや数種類のバイブ、拘束道具までも用意して、私の反応を楽しんでいた。

オモチャは決して好きではなかった。でも痛くなければ、どこまで気持ちがよくなれるのか興味があったので拒否しなかった。

うしろ手に縛られて、バイブを前に入れられ、フェラをさせられた。うしろから挿入されて、自分でローターをクリトリスに当てさせられたこともある。ぜんぶ気持ちよかったから、なんとも思わなかった。現実から離れている時間を楽しんだ。日常とは違う私になっている。

今年のはじめ、彼が多数のオモチャをラブホのゴミ箱にほうりこんだ。もったいない気もしたが、最近は使わなくなっていた。

ゆっくり、じっくり気持ちよくなれれば、道具なんていらない。彼は心を入れかえた。いや、長時間遊ぶ体力がなくなってきたと本人が言った。

オモチャを使ったのは、彼ががんの手術をしたあとの回復時期だった。激しい運動はできなかったので、悔しまぎれに道具で私を責めた。

いまの彼は手術から五年たち、もう完全に回復していた。

私も単調な機械に、長い時間責められるのは苦しいときもあったので大賛成だった。

「もう十年か。いつまでできるかな。私も年だしね」

最近、人間ドックに入って精密検査をしたと言う。

毎年二回は検査しているが、意外な結果だった。血液検査の数字を見て、医者が困惑顔だったとか。

人間の活力を示すアミノ酸のアルギニン、その値が介護を受けている老人と変わらない状態だと言う。

「まきちゃんは寝たきり老人に抱かれているんだね。しかも何度もイカされているわけだ、介護老人にね」

彼がいたずらっぽく笑う。検査結果がよほどショックだったらしい。

まだまだ元気で、私とエッチしているのに、そんなことがあるのだろうか。

お医者さんが、気の毒そうに彼の顔を見て言ったという。

「元気になるサプリメントを飲んではどうですか？」

そのお医者さんが若い女医さんで、彼女に言われたこともショックを大きくしたようだ。

「大丈夫だから……なんかの間違いでしょう。きょうだってエッチな妄想して元気になったじゃない」

私は精いっぱい励ました。

「一時的な数字の乱高下ってあるんじゃないの。心配ないって。元気を出して」

彼は私の背中をなでながら、苦笑いをしていた。

「でもさ、二回戦なんてしたこともないし、やっぱり限界ってあるんじゃないかな」

彼の心配はつきない。

「一回だっていいじゃない。私を十分満足させてくれるんだから。月に二、三回エッチできるのは、立派なものだと思うよ」

励ましつづける私を、彼はギュッと抱きしめてきた。

こんなふうに、ずーっといっしょにいられたら、もっと元気にしてあげられるかもしれないのに。遺憾ながら、私たちはダブル不倫だった。

お互いに現実から離れ、ときめく時間を共有することが肉体や精神的に健康をもたらしている。それは間違いない。

彼が言うように、この関係あと何年つづけられるのか、少し心配になってきた。

でも、まだまだ大丈夫。

いままで私から、こうして、ああしてと「おねだり」したことはなかったけど、これからは彼に元気を出してもらうため、注文をつけることが必要になるのかなあ。

いつもどおり、帰りはさらりとあいさつをして、別々の道を行く。なんだか彼の背中が寂しく見えた。でも、これが不倫の帰りかた。

帰る道すじ、彼の愛撫《あいぶ》を思い出していた。

正常位、バック、そして私が上になって……。

次に会うときは、私が主導権を取ろうかしら。刺激になって、彼も元気になるかも。

でも積極的すぎると、引かれてしまうかな。

空室のあるラブホを探して歩きまわった道を引き返す。ウロウロしているカップルの姿をけっこう見かける。

「ラブホ難民」がまだつづきそうな新型コロナウイルス騒動だ。

ミント味の先生

兵庫県・行政書士・三十三歳・男性

高校入学とともに、私は学校の図書室に入りびたった。

といっても、本の虫というわけではない。勉学に励んでいたわけでもない。引っこみ思案な性格に加え、これといった趣味も特技もなかったので、教室にも家にも身の置き所がなかったからである。

友人なんて者は、もちろんいない。私の足は自然と、ひとりでいることが許される図書室に向かうしかなかったのだった。

図書室にはなぜか、漫画も置かれていた。『美味《おい》しんぼ』と『あしたのジョー』。活字だらけの本など読む気になれなかった私は、それらを楽しんでいた。

その日の放課後も図書室の隅で、ジョーの活躍を追っていた。ジョーのノーガード戦法と不敵な態度は、私には絶対にマネできないものだった。あこがれと羨望を抱いてページをめくる。

「こんにちは」

物語に没頭する私の頭上から、とつぜん女性の小さな声がした。

思わず本を取り落としそうになる。驚きというより、おびえを含んだしぐさで、私は顔を上げた。

そこにいたのはきれいな人だった。胸まである髪をさらりと揺らし、知的に光る大きな目を私に向けている。眉は丁寧に描かれ、唇には薄く紅を引いている。上品な印象のブラウスとロングスカートがよく似合っていた。

彼女からはさわやかな匂いがした。雑多な学校ではまず嗅ぐことのない、清涼感のある香り。思わず鼻がひくつき、ひんやりとしたその香気を肺に取りこんだ。

「ねぇ、時間あるかしら」

「え、あ、は、はい……」

私はなんとか返事をした。彼女はよかった、と微笑《ほほえ》む。

「それじゃあ、ちょっとつきあってくれないかしら……べつに、面倒な用事じゃないわよ」

そう言って、女性は図書室の扉に向かって歩く。私は慌ててその背を追った。

私は白衣を着せられていた。

――化学教師の役として、ドラマに出演してほしい。

美人は、放送部の顧問だった。近々、創作ドラマを発表するコンクールがあるらしい。彼女は松田《まつだ》なぎさという名の英語教師。今年になって教職についたばかり。教師役が務まりそうな生徒を探していた。そんな情報を、私に衣装を手わたした女子生徒が教えてくれた。

「俺、演技なんてできませんよ」

私はぼそぼそと言った。松田先生は、大丈夫よ、と笑う。

「セリフのない、少し映るだけの役だから。大人っぽい男の子がいてくれて助かったわ」

確かに私は老け顔で、高校生より年上に見られることが常だった。エロ本をレジに持っていってもとがめられなくて助かる、くらいに思っていた自分の顔だが、まさかこんなことが起こるとは。

「でも、本当の先生に頼んだほうがいいんじゃないですか」

「作品には教師がかかわっちゃいけないの。もちろん、出演もね。ワンシーンを教師が撮っただけでも、出場資格がなくなっちゃうのよ」

なるほど。コンクールに提出するには、スポーツと同じく、いろいろなルールがあるみたいだ。私は曖昧にうなずいた。

「出てくれてありがとうな、櫻井《さくらい》。助かるよ」

突っ立っていた私に、色黒の男子生徒が話しかけてきた。私と同じクラスの男子である。

「いや、べつに……立ってるだけだし」

それでもだよ、とカメラを構えた彼は、歯を見せて笑った。その背後から、もうすぐ撮るよ、と声が飛んだ。

私がドラマに出演したのはほんの四、五秒ほど。それでもカメラマンの彼は、教室で私に話しかけてくれるようになった。放送部の女子たちも、落選を悔しそうに伝えてくれた。

滑舌の悪い私には務まらぬと思って放送部への入部は辞退したのだが、私は学校で話す相手を、ようやくつくることができたのだった。

一年があっという間に過ぎ、二年生に進級した。さっそく、うれしいことがひとつできた。

英語の受け持ちが松田先生になったのだ。先生の授業はやはり、いい匂いがした。

松田先生にぶざまなところは見せられない。そう考えた私は、図書室で予習と復習に励むことにした。

その日の放課後も、図書室で参考書に目を落としていた。ノートにふっと影がさす。

「勉強、がんばってるね」

また、私の頭上から声がした。そして、さわやかな香りも。

「今年もドラマに出てくれる？」

私は快諾した。今度も教師の役で、セリフも少しあった。何度もＮＧを出しながらも、私は与えられた役をやりとおした。

二年生になってから身についた勉強の習慣は、私を裏切らなかった。私は偏差値をぐんぐんと伸ばし、三年生のころには難関大学の合格も視野に入っていた。

受験の結果、見事に合格。私は地元を離れ、県外の大学へ行くことになった。松田先生は大いに喜んでくれたものだ。

「がんばってね、櫻井くん。遠いところにいても、あなたをずっと応援しているわ」

松田先生のこの言葉を胸に、私は新生活に飛びこんでいった。


大学生になってはじめての夏休み、私は実家に帰省していた。

地元を離れてまだ四カ月しかたっていないのに、なんだか妙に懐かしい。母校に行こう。なんとはなしにそう思った。

校門をくぐった私に、声をかける者がいた。

「あら、櫻井くん？」

「えっ、松田先生」

なんと、松田先生にばったりと出会った。再会を喜ぶセリフを交わしたあとは自然と、放送部の創作ドラマの話題になる。

「今年は、どんなのを撮ったんですか？」

「うーんと……そうだ、先生の家で見ない？　私の家、学校から歩いていけるのよ」

心臓がドキンと飛び跳ねた。思考が真っ白になる。しかし、口は別の生物のように勝手に動き、行きます、と返事をした。

その日の松田先生の服装は、白いブラウスにほっそりとしたパンツだった。華美でないコーディネートだが、そのぶん、先生の非凡なプロポーションが目立つ。

大きな胸はブラウスを突きあげ、ぷりっとしたお尻のラインがパンツの上から主張をしている。

先生の隣を歩いているとよくわかる。彼女は道ゆく人たちの注目の的だった。すれ違う男たちはみな松田先生を盗み見て、なかにはじろじろと無遠慮に眺める者もいる。私はそんな美人の横を歩いているのだ。なんだか、感じたことのない自信が胸にあふれるようだった。

ほどなくして、先生の自宅に着いた。駅前の、単身者むけ賃貸マンションである。緊張しながら入室する。先生の家はきれいに整頓されていて、やはりさわやかな匂いがした。

松田先生と並んで、在校生が撮ったビデオを見る。コメディー色が強かった私たちの代のものとは違い、ほろ苦さを感じる青春ものだった
「どうだった？」

「脚本の善《よ》しあしとか、技術的なことはわからないけど……俺は好きです、この話」

「そう？　私も好きよ」

松田先生が発した、好きという言葉がぐるぐるとまわる。もうここしかない。そんな覚悟を私は決める。

「ま、松田先生！」

私の声はみっともなく震えていたに違いない。先生は小首をかしげて、髪をさらりと揺らした。

「お、俺、先生のことがす、好きなんです！」

先生の顔を見ることができない。反応を見てしまったら、それで終わりだと思ったからだ。

「先生のおかげでドラマに出て友達ができたし、勉強もして大学に行けたし、先生は俺の恩人っていうか、それ以上に好きで、それで……」

テンパった私の、つっかえつっかえの告白。それでも松田先生は私の言葉を静かに聞いている。松田先生が私の手をそっと握った。

「ありがとう、櫻井くん」

どんな意味がこめられた「ありがとう」なのだろう。経験の浅い私は、先生の真意を量《はか》りかねた。

「でもね」

つづく言葉が私の体温を氷点下にまで下げる。

「あなたはこれから人生を切り開いていくのよ。思い出に縛られるのはだめ」

先生の拒否の言葉はやわらかかった。だからこそ、私の心をひどくかきむしる。

「そ、それでも好きなんですよぉ」

ついに私は泣いてしまった。しばらく、私の泣き声だけが部屋に響く。ややあって、松田先生は口を開いた。

「あなたの気持ちに応えることはできないけれど……」

そう言いながら、松田先生は衣服に手をかけた。ブラウスのボタンをはずすと、前《まえ》身頃《みごろ》の隙間から下着が見える。

青が鮮やかなブラジャー……。

つづいて先生は、細身のパンツに手をかけた。ためらいなく下ろす。

ショーツは落ちついたベージュ色だった。ただ上下がセットになっていなかったことは、よく覚えている。

下着姿になった先生は、手早くそれらも脱いだ。今までAVやエロ本でしか見たことのなかった乳房が、その先端が、女陰の茂みが……私の目を刺した。

松田先生をオカズに自慰をしたことは数えきれない。私は夢想のなかで、先生を何回も裸に剝《む》いた。

しかし、現実で目にする松田先生の裸体は私の想像を超えて美しく、神々しくて、光を放たんばかりだった。

「私にできる精いっぱいのことをさせて」

櫻井くんも脱いで、と松田先生が促す。私は大急ぎでシャツを脱ぎ、ジーンズを脱ぎ、全裸になった。トランクスの中で引っかかっていた勃起肉がぶるんと揺れる。

「先生……」

素っ裸で挑みかかる私を、先生はすっと避けた。そしてサイドテーブルの引き出しを開けて、なにかを取り出す。片手に収まるくらいの、円柱形の箱。ボトルガムだ。緑のパッケージがいかにも清涼そうである。

「せ、先生、それは?」

明らかに狼狽《ろうばい》している私だが、先生の瞳には余裕のある光が宿っている。

「キスの前にこれを嚙《か》んで。大人のたしなみよ」

松田先生は笑った。私は得心した。

先生の清涼な香りの正体はこれだったのか。

「はい、どうぞ」

松田先生からガムを手わたされた。細い指先がちょこんと私の手のひらに触れて離れる。かすかに震える手から取り落とさないよう、手のひらのガムを口から迎えにいった。

裸のふたりが並んで、黙ってガムを嚙む。なんだか妙な時間だ。しかし、大人のたしなみと言われては納得するしかなかった。私はまだハタチも迎えていない若輩だったのだ。

「もうそろそろいいかしら」

松田先生から包み紙をわたされた。何度も嚙みくだかれて味を失ったガムを吐き出す。

「それじゃあ……来て」

先生は首を傾けた。唇が軽く開かれている。その意味は私にもわかる。キスの合図だ。だが私はどう動くべきかを決めかねて、固まってしまった。

「あら。私からしたほうがいいかしら？」

先生の言葉には少しの挑発が含まれていた。私は半ばヤケクソになって、松田先生を抱きしめた。口を重ねると、唇にやわらかい感触が走り、鼻にさわやかな香気が抜けた。

「んんっ……」

私の口内に、松田先生の舌が侵入してきた。蛇のようにすばやいそれは、私の歯や歯茎、口蓋をのたくった。私の体液と松田先生の体液の境がなくなる。

はじめて他人の唾液を飲んだ。冷たくてさわやかな味がする。

さっきまで噛んでいたガムのせいだろうか……。

私はぼんやりとしかものを考えることができない。

ファーストキスの余韻がいまだ抜けきらない私を尻目に、松田先生はベッドに向かった。

ベッドの縁に体育座りで腰かけると、松田先生はゆっくりと両脚を開いていった。

「せ、先生……」

「見える？」

とうとう、先生の両脚がMの字を書いた。エロ本やAVでしか見たことのないポーズだ。

性器を見せつけるというみだらな姿勢を、あこがれの松田先生が私のためだけに取っている……。

興奮で頭が爆発しそうだった。

「触っていいわよ。でも、やさしくね」

私はふらふらと、松田先生の花園の前にひざまずく。

やわらかな巻毛が繁茂する陰毛、盛りあがった大陰唇、翅《はね》をひろげた小陰唇……。

大人の女の性器だ。もっとも、ナマで異性の股間など見たことのない童貞の私である。どんなものが子供で、どんなものが大人なのか判別はつかないはずなのだが……。

とにかく、大人の印象だったのだ。

私は指を立て、松田先生の肉唇を突いた。やわらかな感触。先生の腰がびくっと跳ねた。私もぎくりと身を固くする。

「あ、痛かったですか」

「ううん……大丈夫。つづけて……」

先生の言葉に甘え、私は指つきをつづけた。私にはない花びらを、蜜洞を、おっかなびっくり探索する。そのうちに、先生の体に変化が訪れた。

フリルのような小陰唇がふっくらとふくらんだ。肉門が開いたことで、その頂点に掲げたクリトリスが顔を出す。膣口が液体で光っている。嗅ぎなれない、生々しい匂いが漂い出した。

「もう準備できたから……指、挿《い》れてみて」

私はうなずく。手のひらを上にして、伸ばした人さし指を小さな穴に沈みこませた。

「あぁ……っ」

漏れた声は先生のものか、はたまた私のものだったか。

男の肉を受けいれるための器官。その中にはじめて、自分の体の一部を埋《うず》めた。感動と達成感がまず胸を満たした。

つづいて湧いてくるのは、膣中の感想だ。つるんとしたものを予想していたが、そうではない。なにやら複雑なつくりを思わせる手触りだ。

天井からも壁からじわりじわりと粘液が分泌されてくる。それは指と膣道との間を埋めて、まるで吸いつかれているかのような感覚を伝えてきた。

「指を抜き挿ししてみて。速くはだめ。ゆっくりとよ」

私は慎重に指を引き抜く。名残惜しいとばかりに、先生の膣肉がからみついてくる。指への刺激だけで達してしまうのではないかと危惧した。

第一関節まで引き抜き、根元まで挿入する。その動作をくり返す。自分の指がジュブジュブという音を奏でるように、私は夢中だ。

先生の吐く息が少しずつ熱っぽくなってきた。

「そうよ……抜くときに、指を少し立ててみて。ひっかいちゃだめよ」

手マンの指南を受ける。私は素直にうなずいた。指をカギ状にして手前に引く。

「あんっ……あぁっ……いいっ」

先生の反応は顕著だった。

膣の上部を刺激されるのはそんなにもいいのか。未経験の私は、実地で女体のことを学んでいく。先生をもっとよくしてやろうという一心で、私は指を動かしつづけた。

「ふぅ……っ、気持ちいいわよ、櫻井くん。もうそろそろ……」

先生の陰部には薄く赤みがさし、クリトリスもパンパンにふくらんでいる。準備は整った。

私は先生をベッドに上げて、のしかかった。いよいよ、あこがれの松田先生に童貞をささげるのだ。

そう思っていたのだが……。

「あ、あれ……?」

さっきまで触れていた場所なのにわからない。私の分身は松田先生の上で右往左往する。

「ううん、そこより下。もっと下よ」

ペニスの根元を握って位置を調節する。私は汗びっしょりになっていた。敏感な亀頭がやわらかい淫処をはいまわり、その快感が腰を刺す。秘裂にそって裏スジがぬるっと滑った。肉棒が甘くしびれたと思う間もなく、私はコントロールを手放してしまう。

「あっ」

私は射精した。止めようと思っても止まるものではない。肉茎はビクンビクンと脈打ち、精液を放出しつづけた。濁汁は先生の白いおなかに飛び、勢いを失った滴が黒い陰毛に垂れてからまった。

「あぁ……」

落胆、後悔、情けなさ、それらがこもったため息を吐く。

まさか、性交する前に果ててしまうとは……。

先生が身を起こす。私はびくりと身を震わせた。

叱責を受けるのではないか。失望したと言われないか。私は目の前が真っ暗になるようだった。

しかし先生は、そんなことをひとことも口にしかった。肌に乗った精液を指で集める。そして、指にまとわせた私のエキスを口に含んだ。

「せ、先生……」

「とっても濃くて、量も多い……うふふ、やっぱり元気ね」

先生は妖艶に微笑む。大人の色っぽさと表情に、私は圧倒された。

「大きくしてあげる」

だらりと垂れ下がった私の男根を、先生は細い指で摘まんだ。下腹部に鈍い刺激が走る。そう思う間もなく私の分身は、手品のように先生の口中へと消えていた。

「うあああ……先生っ」

先生の口内は熱く、ぬるぬるとしていた。先生は舌をまわし、亀頭とその裏スジをなでてくる。男の泣きどころを責められて私は反射的に腰を引くが、その距離を先生はつめてくる。私の腹の下に、松田先生の顔が収まる。

心地よい重さを腰に感じながら、私は快感の渦に巻きこまれていった。

「うふふ。もう大きくなった。若いわね」

先生の口から出てきた私のものは、明らかに平常以上に勃起していた。

亀頭を先生の舌でいい子いい子してもらって、ペニスが自信をつけたかのようだ。

「もう一度、やってみて」

「はい……」

是非もない。私はセカンドチャンスをふいにしないよう、ふたたび松田先生に乗る。

アドバイスを思い出し、赤い亀裂の下部に狙いをつけた。

「そう、そこよ」

先生の言葉どおり、そこは肉がへこんでいた。見失わないよう慎重に腰を進める。

なにかをくぐり抜けた感覚があったかと思うと、私のペニスが少しずつ温かい肉に包まれていった。

「あああぁ……っ」

私の腰と先生の腰とがぶつかる。下を見ると、恥毛の茂みが私の肉幹をすっぽりと隠していた。松田先生の中に、分身をあますところなく挿し入れたのだ。

「あぁ、先生……」

感嘆の吐息が止まらなかった。口の端からよだれが垂れた気配があった。私は大慌てで口を拭う。身じろぎが結合部に伝わり、快美な感覚が陰茎に走る。

「おぉう」

一度、射精していなかったら、これで終わっていただろう。私は冷や汗を流す。唇を真一文字に結ぶ私を見あげて、先生は微笑んだ。

「そんな顔しないで。せっかくの初体験なんだもの。すてきな思い出にして」

先生の言葉が私の気負いを溶かしていった。不器用ながらも腰を使い、先生にピストン運動を送る。

「あっ、あっ、あっ……」

つたない私の腰遣いにも、松田先生は感じてくれているようだ。頬を朱に染め、息を荒くし、瞳が官能でにじむ。

松田先生に負けないくらい、私も快楽を感じていた。蜜があふれる肉壺はペニスにぴったりと張りついてくる。膣口がきゅうきゅうと締まるのも最高だ。やわらかいのにきつい。温かくて心地よい。そんな矛盾と道理が松田先生の膣には共存していた。

「いいわ、櫻井くん。上手よ。もっと、もっと、もっとして……」

先生の艶声が私の動きを速く、激しいものにする。もっと強く先生とつながりたかった。私の目は先生の豊かな胸を捉えた。性交の振動でおっぱいがぷるぷると揺れている。それに触りたい。私は手を伸ばす。

「んんっ」

白い胸丘を急につかまれて、松田先生は唇を引きむすぶ。手のひらにあまる立派なボリューム。私は夢中で両手を動かす。

射精の気配が高まった。腹筋に力を入れるが、湧きあがるものを止めることはできそうにない。息を吐く表情が、胸乳の手触りが、きゅうきゅうと肉棒を締めつける膣肉が、松田先生のすべてが、私を絶頂へといざなう。

「先生、出すよ……もう、だめだっ。出る！」

「あぁっ……来て……」

痙攣《けいれん》するようにはじまった二度目の放精は、量も熱さも一度目となんら遜色《そんしょく》なかった。

私は仕事の前にガムを噛む。

さわやかな匂いを口に満たしてから人に会い、書類を作成し、たまに酒を飲む。

「大人のたしなみよ」

松田先生の声は今も、すてきな大人になってね、と私を励ましてくれている。

叔父の妻なおこ姉さん

――大阪府・会社員・五十五歳・男性

かい人二十一面相と名乗る犯人によるグリコ・森永事件が発生した一九八四年（昭和五十九年）。諸般の事情から大阪の親元を離れ、叔父が所有する京都市西京極《にしきょうごく》のワンルームマンションに下宿しながら男子高校に通っていた私は、その年、同じ京都の大学に進学した。

特定の異性もいなかった私は、小さな一室で青い性欲を持てあまし、妄想にふけり、もんもんと過ごす日々を送っていた。

そして当時、その性的妄想の対象となっていたのは、マンションオーナーでもある母方の叔父の奥さん、つまり義理の叔母さんにあたる、なおこ姉さんだった。叔父とはひとまわり以上も年の離れた夫婦だった。

もともとなおこ姉さんは、大正時代からつづく、関西有数の有名楽器店を数軒経営する家柄のお嬢さんだった。

それがなんの因果か、仕事で出入りのあった叔父が見そめ、資産持ちの自信からか、押しの一手で結婚までこぎつけたそうで、本来は奥ゆかしい性質の女性だった。

結婚後数年を経ていたが、まだ三十代前半だった。

頬にかかる黒髪はしっとりと艶やかで、白く澄んだ肌は、絹ごし豆腐の表面のように細やかで、みずみずしく輝いてみえた。

いつも白無地のブラウスや、コットンのTシャツなどを着ていることが多く、胸もとにはうっすらと下着のラインや、その縁に施された刺繍《ししゅう》までもが透けてみえる。

私はその清楚《せいそ》な愛くるしい面立ちと豊満な肉体のアンバランスさに、狂おしいほど青い性欲をかき乱されていたのだった。

彼女が通りすぎると、いつも得も言われぬ甘い香りがして、思わずフラフラとうしろをついていきそうになる。

ほのかなトワレの匂いと、彼女自身の体臭が混ざっているのか、フェロモン的な芳香が漂い、彼女が通ったあとは、私には姿を見ずしても知れたほどだった。

私はなおこ姉さんが洗濯ものを干したり、買い物に出かけたりするその艶《あで》やかな姿を、いつもそっと窓外に眺めているばかりだった。

なのになおこ姉さんは、そんな私の気も知らず、

「りんご食べる？　ケーキ食べる？」

だのと言って、ちょくちょく部屋の前まで差し入れを持ってきてくれるのだけれど、それが前述したような悩ましい姿をしているのだからたまらない。

私が冗談を言って、彼女をケラケラ笑わせたりすると、胸がそれに合わせてプルプルと揺れて弾んでいる。

（わっ、すごい……揺れてる……）

そんなものを目《ま》の当たりにさせられ、私の性の懊悩《おうのう》はたえがたいものとなっていった。

やがてそのうち、着衣から透けてみえていたブラのシルエットが、白からセクシーな紅色や濃紺の色柄ものに変化した。

叔母は、お尻のラインばかりか、その下着の線までもがクッキリ浮き出るような、スパッツとかいうピッタリとしたものを着用しはじめた。

しかもその下着のラインというのが、どうやら当時はやりはじめていたTバックに見える。

妄想で鼻血が出そうになった私は、急いで部屋に戻り、何度も自慰行為にふけった。

当時五十代半ばだった叔父は、家賃収入などの不労所得があったせいか、朝から晩まで毎日パチンコ、競馬などのギャンブル三昧だった。

そのころはずいぶん太っていて、私がまだ大阪にいた子供の時分に比べると、体重も二十キロくらい増えていたらしい。糖尿病を患っていたようで、ときどき自分でインスリンの注射を打っているのを見かけた。

ある日みだらな夢を見て目覚め、ムラムラしたままぼんやりと過ごしていた昼下がり、私は学校にも行く気にならず、部屋でオナニーでもしようかと横になっていると、

「ゆうくん、くだもの食べる?」

とつぜんなおこ姉さんは、私の部屋のドアをノック。洋梨をむいた皿を持ってやってきた。

私はガバッと跳ね起き、下ろしかけていた下半身のジャージーを反射的に引きあげた。

なおこ姉さんは、焦りの表情を隠せない私を見て、キョトンとしている。

いつもは盆を置くと、さっさと出ていくのに、この日は、

「いっしょに食べよ」

と言って、部屋に居すわり、

「今日、学校は？　こんなん勉強してはるのん」

とか言って、そこいらに置いてあった教科書などをパラパラめくっては、部屋の中を物珍しげに見まわしたりしている。

そして雑誌などにも手を伸ばしながら、知ってか知らずか、グラビアアイドルのように体をくねらせ、わざと見せつけるかのように、悩ましい肢体を私の眼前にさらしている。

梨や紅茶の味はどこへやら。私はなおこ姉さんの大きく突き出たTシャツの胸や、くねくねと揺れるスパッツのお尻に、視線がひきつけられて仕方がない。

しばらくなおこ姉さんは、そんな私の気持ちなど素知らぬかのように、なにげなく雑誌などを見ていたが、おもむろにこちらに向きなおり、私の顔を凝視すると、

「ゆうくん、さっきからわたしの体ばっかり見てはる」

からかうように微笑《ほほえ》んだ。本心をつかれた気の弱い私は、顔を赤くしてうつむいた。

しかし、突如ふつふつとためこんでいた劣情がマグマのごとくこみあげてきて、もう我慢がならず、姉さんの胴体にラグビー選手がタックルするかのように、低い姿勢で食らいついてしまっていた。

「きゃぁっ、どうしたん」

なおこ姉さんは驚いてうろたえる。

それにもかまわず私は、上気し汗ばむその首すじに顔面を擦《こす》りつけ、ハァハァと息を乱しながら、着衣の上から彼女の豊艶な肉体をいじり、揉《も》みたおしてしまっていた。

「だめっ……あかん、そんなんあかんっ」

姉さんは必死に私を押し返そうとする。

しかし激しく発情した私は、もう自分を抑えることができない。あの甘い匂いが鼻《び》腔《こう》に侵入してきて、さらに私をあおりたてる。

「ちょっと、ちょっと待って……」

姉さんは顔をそむけ、懸命に逃れようとしていたが、それでも私は、焦がれつづけた姉さんの体に食らいついて放さなかった。

「あかん、ゆうくん、わたしみたいなおばちゃんに、そんなことしたら、あかんのんよ」

彼女は、奔馬をなだめるように私を押さえつけ、目をじっと見据えて、子供を諭すように言うのだった。

「姉さん、おばちゃんとちゃうよ。若いくせに……こんなきれいなくせに……」

恥ずかしながら私は、いい年をして半ば泣きべそをかきながらそう言うと、Tシャツの上から私を悩ませつづけた大きな乳房の乳首のあたりをギュッと摘まみ、桃色の果実のような唇に、むしゃぶりついた。

「あぁん、そんなんだめ……あかん、むっ……」

姉さんの唇は、さっき彼女が口にしていた洋梨と紅茶の味がする。数秒間、口づけできたものの、彼女はすぐに背すじをあおむけに反らせ、逃れようとする。

私はとうとうなおこ姉さんのTシャツをまくりあげ、胸をゆるめに包んでいたブラのカップもまくりあげた。

花が開くように、プリンと大きなふくらみが弾んで露出する。官能の光景にうち震えながら、私はその頂《いただき》の薄紅色の一点に、夢中で吸いついた。

「ほら……こんなにきれいやんか……うそつき。ずるい……んん、うむっ……」

あえぎながら口に含み、舌でねぶりまわす。

「あっ、ああぁっ」

夢中で吸っていると、小さな乳首は舌の上でコリコリと、小豆のように固まってゆく。

（おいしい……こんなきれいな胸を……なおこ姉さんのおっぱいを吸っている……）

「あぁん……あかんって……そんなことしたら……」

「お姉ちゃん、まだそんなこと言うてはる……こんなきれいやのに、許さへん……」

と言って、スパッツの股間を手で押さえつけ、ぐにゅぐにゅと食いこませて揉みこんでいた。

「はぁんっ」

とつぜん、とろけるような甘い咆哮《ほうこう》。着衣の上からでも、指先にしっとりと、熱を帯びた湿り気が感じられる。ツンと姉さんの股間から、艶《なま》めかしい牝《めす》の匂いが漂ってくる。

（……あぁ、なおこ姉さんが濡れている……）

ペニスは、痛いほどに張りつめている。

「あああぁん……」

そのまま股間に置いた指をうごめかせながら、乳房に吸いついて舐《な》めていると、彼女のうっとりしたあえぎ声が、艶っぽく、断続的に漏れはじめる。姉さんはもう抵抗しなかった。

「あぁっ……あああぁん……」

それどころか、私の頭をきつく抱きしめながら、体を激しくよじって悶《もだ》えはじめる。

「ああぁん、もぉ、悪い子……ああぁん……」

両手で私の顔を挟み、潤んでとろけた瞳で見つめて、粘りつくように深く口づけしてくる。

（うむっ……）

なんだか私は、叔母のわなにハマった獲物だったのかもしれない。

そんな気も一瞬よぎったが、暴走する本能はとどまるところを知らない。

「はぁっ、すごいおっぱい……こんなにプリプリで、きれい……ハァッ……うむっ」

「あっ、いやぁんっ……ああぁん……あんっ……」

窒息してしまいそうなほどの肉の量感に埋もれながら、夢中であえぎ、愛撫《あいぶ》していた。

「あぁ……姉さん……姉さん……」

たまらず自分のジャージーとトランクスをいっしょにずり下げる。跳ねあがるように肉柱が飛び出す。

彼女は一瞬驚いたような表情を浮かべ、

「ゆうくん、すごい……」

ひとりごとのようにつぶやいて、硬直物に指をはわせ、やさしくなでながら、そっとさお部や敏感な楕円形の先端部に口づけしてくれる。

「うぅっ」

思わずうめき声を出す。間歇泉《かんけつせん》がドッと噴出するように、快感が背すじを駆け抜けていく。

「あぁっ……気持ちいぃ……」

「……むっ……そう、よかった……んぅっ……」

とてもそんなことをしそうにない姉さんが、ジュポ、ジュポと音をたてて咥《くわ》えてくれている。

(うぁっ、たまらない……)

姉さんは大きく息を吐き出すと、我慢ならない様子で私をあおむけに寝かせた。Tシャツを脱ぎ捨て、からまったままのブラもはずして私にまたがると、コチコチになった肉柱に指をそえ、淫蜜あふれる襞《ひだ》に導き、その先端を挟んだ。

「……あぁっ……ちょっと入りにくい……ンン……」

またひとりごとのようにつぶやく姉さんの淫肉が、張りつめた亀頭部分を少しずつ咥えていく。

「……んあっ……あぁっ……」

狭まった肉の坑道にくり返しなじませるように、姉さんは慎重に腰を沈め、褐色の硬棒は、徐々に姉さんの内側へと入りこんでゆく。

くにゅっ……。

「……あぁあぁっ」

蜜壺からあふれ出した雫《しずく》が滴り、ペニスのつけ根を濡らし、屹立《きつりつ》した肉柱は、淫靡《いんび》な潤滑油に促され、一気に襞の内側にのまれていく。

「あぁっ」

姉さんは体を沈めきると、艶めかしくあえぎながら、ゆっくり腰を上下に動かしはじめた。

「んあああぁっ」

一瞬大きく漏らしたあえぎ声をはばかるように口を右手で押さえ、眉間を狭めて快楽にあらがい、たえている姉さんの表情がたまらない。

私は思わず姉さんのおっぱいを揉みながら、下から腰を動かしていた。

「あぁ、いい……久しぶり……」

豊麗な肉体を揺すりながら、昇りつめていく姉さんの姿が、妖艶なまでに美しい。

「……あっ、イクッ……」

姉さんはそうつぶやくと、急にすばやくうごめき、大きくあえぎながら、クリトリスをいっそう強く押しつけた。

「んっ、あぁぁっ」

張りつめた糸がとぎれるように、彼女は私の胸にもたれかかって、乱れた息を鎮めた。

「ありがとう、ゆうくん……ありがとうね」

そう言って、なおこ姉さんは何度も私を抱きしめ、口づけしてくれた。

私はそんな姉さんの乱れた息が落ちつくのを待って、彼女を寝かせ、上になった。

姉さんはやさしく微笑み、入口で位置を探りかねてとまどっていた愚息に手をそえて、ふたたび肉壺の入口に導いてくれた。

うにゅっ、うにゅっ、くちゅっ、くちゅっ……。

ふたりの交接部から、淫猥《いんわい》な生音が響く。

「あぁっ、当たるっ……当たってる……あああぁん、あぁんっ」

姉さんはきつく目を閉じ、私の尻や腰の肉をつかんで、せつなそうにあえいでいる。

私は今までの辛抱をたたきつけるかのように、欲望の赴くまま、ガンガンと速射砲のように姉さんの体を突きあげていた。

「あぁっ、すごいっ……ゆうくん、すごいっ」

「あっ、姉さん、あかんっ……イクッ……」

「ええよ、大丈夫やで。今日は大丈夫やから……中でええんよ……中にちょうだい」

「ほんまに……」

私は朦朧《もうろう》とした意識の片隅で、なおこ姉さんの深奥めがけて、己の思いの塊をほとばしらせていた。

「……あうっ」

脳内に閃光《せんこう》が突き抜け、飛び散った。

「ハァハァハァ……」

絶頂し、真っ白になって放心していても、私の神経の大半は姉さんの肉体に向いていたようで、まだトロトロと精の名残を漏らしながらも、彼女の胸を吸って愛撫していた。

「もぉ、触ってばっかり……おっぱい、好きやね。赤ちゃんみたいやわ……でも、わたしも触られるん好きやから、ええんよ。いっぱい触って……」

まだ若かった私のペニスは、またムクムクと節操なく硬くなっていく。それを見た彼女はうれしそうに微笑み、

「ゆうくん、すごい……元気やなぁ。若いなぁ……」

とキスして、私のペニスをなでてくれた。

そしてもう一度、私の上にまたがって、硬直を襞の内側へとのみこんでいく。

「あああぁっ」

彼女は絶叫し、ふたたび動きを速める。

「あぁぁっ、イクッ……」

とつぶやき、背すじを反らせ、目を閉じ、激しくもだえて私の胸にしなだれ落ちた。

「あぁん、もぉ……悪い子やなぁ……」

私の頭を抱き、耳もとでそうささやいた。

それからというもの、叔父がパチンコに出かけると、姉さんは毎日必ず差し入れを部屋まで持ってきてくれて、私はそのたびになおこ姉さんの体にのしかかっていった。

若かった私は、ほとんど毎日、むさぼるように彼女の体を求めた。なおこ姉さんは、

「あかん、あかん……」

と言いながらも、いつも私の淫欲と、その肉柱をやさしく受け入れてくれた。

そして最後にはいつも、

「もぉ……ゆうくん、悪い子やなぁ……」

と、いとおしそうに私をなでてくれるのだった。

三年後……。

私は東京の会社に就職が決まり、約六年半を過ごしたこのマンションを出ることになった。

「ほんまに、寂しなるなぁ」

「ほんまに、寂しなるわ」

そう言って姉さんは、潤んだ目で私を見つめている。

「これで、しばらくお別れやね」

「東京に行ったら、すぐに若い恋人でけるわ」

「ぼく、そんなモテへんよ」

「ゆうくん、モテるわよ。慣れてへんだけ……」

「また帰ってくるから、遊んでな」

「こっちのセリフや」

しかし私は、それからひと月と我慢できず、なおこ姉さんの体が恋しくなると、連絡を取り合って、名古屋《なごや》や伊勢《いせ》で落ち合い、ひとときの逢瀬《おうせ》を楽しんでいた。

お盆休みにはふたりで、金沢《かなざわ》に二泊旅行したこともあった。

一度京都に顔を出したときも、叔父は相変わらずパチンコ屋へ出かけていて、不在だった。夜ふけになって、

「今日は勝ったでぇ」

と、すしオケを下げ、意気揚々と帰ってきたそうだが、私はもうそのときは、大阪の実家に向かったあとだった。

私はいつまで経《た》っても、なおこ姉さんの体から卒業できなかった。

私はやはり相変わらずなおこ姉さんのおっぱいが大好きで、いつまでも薄紅色の乳輪に、弧を描くように舌先をとがらせて舐めたり、舌のひらで乳首を押しつけたりしていた。

「あぁぁっ……」

そんなときのなおこ姉さんの、せつなげな表情や反応が大好きだった。

彼女は私の上になるのが好きで、寝そべった私の肉柱にそのたおやかな指をそっとそえ、秘所にあてがい、目を閉じて、甘いあえぎ声を漏らしながら、いつもゆっくり味わうように腰を沈め、揺すった。

「あぁぁっ……」

そしてクリトリスを押しつけ、クニクニと腰をグラインドさせながら、うっとりとあえいで絶頂した。

私はそんな姉さんの弾む乳房を、下から眺めたり揉んだりするのが、たまらない快楽だったのだ。

「あぁ、やっぱり気持ちええわぁ……ゆうくん、はじめてのころからしたら、ずいぶん上手になりはったね……」

「ありがとう。なおこ姉さんのおかげやわ」

「うれしい……」

私が京都を離れた六年後、叔父が六十歳手前で他界した。

叔父の葬儀が済んだあと、久しぶりに見るなおこ姉さんは、いちだんと艶っぽく見えた。

彼女の喪服姿に発情してしまっていた私は、そんなときだというのに、不道徳にも、夜ふけに姉さんの寝所へ忍んでいった。

抵抗されるかと思ったが、それどころか彼女は、あっさりと受け入れてくれて、私の首にしがみついてきた。ショーツの奥に指を挿しこむと、そこはもうグチュグチュに濡れている。

「姉ちゃん、あかんやろ。こんなびしょ濡れのままで放っといたら」

私はわざと飾らぬ調子で、白くかわいらしい耳たぶを甘噛《あまが》みし、ささやいた。

「そやかて……ゆうくんの、いじわる……」

その夜のなおこ姉さんのふとももの内側は、以前よりしっとりとして、指先に吸いつくようなやわらかさに感じられた。そして、私を見て涙ぐみながら、

「わたし、悪いと思う？」

「悪ないって。絶対、悪ないって。パチンコばっかりしてた叔父さんのほうが悪いよ。こんなきれいな姉さん、放っといて」

「ありがとう……ごめんね、ゆうくん……」

ひと晩中なおこ姉さんを抱いた私は、翌朝ほとんど眠らずに帰京。新幹線のシートに身を埋《うず》めながら、浅い眠りのなかでも、なおこ姉さんを抱いていた。

けっきょく姉さんは、私が東京に行ったあとも、叔父とはほとんど性的な接触はなかったそうで、それでも亡くなる前日の夜、

「パチンコばっかりして悪かった。ごめんな……」

と言ったという。それとあとに聞いた話だが、そのとき、

「ゆうくんに、よろしゅう言うといてな……」

とも言ったそうだ。

叔父はすべてを知っていたように思った。私は悲しみに沈んだ表情の彼女に言った。

「それで、ええんとちゃうかな。これから、なおこ姉ちゃん、幸せになったらええねん」

「ありがとう、ゆうくん」

しかし後年、私も一時期糖尿病を患い、EDの症状が出て、入院したことがあったのだが、そのとき叔父の気持ちが、少しわかったような気がした。

叔父はきっとセックスが怖くなっていたのだ。叔父も私のようにしっかりと入院して、治療すればよかったのにと思った。

それからしばらく音信はなかったが、私が二十九歳で最初の結婚をして実家に帰郷したとき、なおこ姉さんも再婚したのだと聞かされた。驚きはしなかった。

姉さんは色艶がよかったので、四十代でも再婚しようと思えば、すぐにできるだろうと思っていた。

それから二十六年……。

じつは途中、多少苦い思い出もあったりはしたのだが、今は彼女や叔父のおかげで、私も幸せな、充実した半生を送れたのだと思っている。

現在彼女は、京丹後《きょうたんご》市の旅館を営む家に嫁いで、家業を手伝いながら、四十代で出産。今はお孫さんにも恵まれて、しあわせに暮らしていると聞いた。

ご近所修羅場

千葉県・中学教師・四十九歳・女性

休日明けの月曜日は、なんだかぼーっとしてしまいがち。でもあのころの私は、月曜日がいつもいつも待ち遠しくてたまりませんでした。

だって、あの人に会えるから……。

今から約十年前、三十代最後の夏の出会い。あまりに近所で、あまりにも近すぎて、まさかそんな関係になろうとは想像もできなかったのに……。


自治会の集まりで出会った克彦《かつひこ》は、同じ年の三十九歳。私と同じくお酒が大好きで、たばこは吸わず、スポーツも得意でした。

そしてスキンヘッドで、筋肉質のがっちりした体つき。一重の目に薄い唇。見た目はいかつい感じなのですが、とてもおしゃべりで、おもしろいことを言って、まわりの人を笑わせていました。

一方、私は公立中学校の非常勤講師。職業柄、ＰＴＡ活動や地域の奉仕活動にも参加していました。

そのうえにあの年は、自治会当番もまわってきたのです。自治会活動には、週末に花を植えたり、ごみ拾いをするクリーン活動、夕方の防犯パトロールなどがありました。

私は当時三十九歳、結婚十四年目。中肉中背で、特別美人というわけではありませんが、白い肌と胸もとの滑らかさが自慢です。

ひとり娘は小学六年生。ひとまわり上の温厚でまじめな夫は、ごく普通のサラリーマン。ただし夫がもともと淡泊だったこともあり、夫婦の営みは出産以来、まったくありませんでした。

仕方ない、そんなものね……。

と、セックスのことは忘れるようにして暮らしていました。

学校ではかわいい生徒たちに囲まれて「まり子《こ》先生」と親しげに呼ばれながら、充実した講師生活を送っていました。

学生時代からつづけている水泳のせいか、背筋と胸筋が発達していて、おっぱいも大きくEカップです。

それを利用して、学校ではいつもぴっちりとしたスーツ姿。いかにも教師らしいファッションですが、じつは計算したうえでの選択でした。

定番スタイルは、紺色のジャケットに、横にスリットの入った膝丈のタイトスカート。椅子に座ると、ちょうど太ももがチラリと見える長さに調節するのがポイントです。

そして教師らしさがきわだつ、前ボタンの白いブラウス。胸が張り出しているので、第二と第三ボタンの間に、ひし形の隙間が空いてしまうのも計算のうえ。

「まり子先生の格好って、なんかエロいよな」

と、男子生徒に言われて、心のなかで、うふふ、効果バッチリ、とほくそ笑むことも。

四月後半、ゴールデンウイーク初日の土曜日夕方四時。涼やかな風が吹く夕暮れ。

第一回自治会イベント「花いっぱい植えよう」に参加。近所の人たちといっしょに花壇にたくさんの花を植え終わり、もうくたくたに……。

「まり子先生、お疲れさまでした。夕方五時から打ちあげをやりますので、ぜひ参加してくださいね」

自治会長の克彦に誘われて、断る理由はありません。はじめて参加した打ちあげは克彦の自宅でした。

初夏の軽やかさに心が浮き立つ気分に合わせ、シフォンのふわりとしたローズ色の花柄ワンピースを着ることに。水色のサンダルに合わせて、ストールも水色を選びました。

学校では紺色や黒のかっちりしたスーツがほとんどなので、こういう女っぽいおしゃれをすると、心も甘く弾むのです。

「やあ、まり子先生、よくいらっしゃいましたね。どうぞ、どうぞ。美人大歓迎」

克彦は自宅のキッチンにいて、手なれた様子で楽しそうに料理をしながら迎えてくれました。広々とした庭つきで、キッチンがとくに広く、大人二十人が入れるほど。

自宅で工務店を経営していて、二階は事務所になっているとのことです。

奥さんは、いっさい自治会には関与しない方針だそうで、克彦だけが熱心に活動に参加していたのでした。子供はおらず、広い自宅に夫婦だけでゆったり暮らしているという印象でした。

一品ずつなにか食べ物を持参する持ちより形式。料理が苦手な私は、市販の具を混ぜて炊くだけの炊きこみごはんで作った小さなおにぎり二十個を持参。

「あの……こんなものでいいのでしょうか?」

「わあ、ありがとうございます。十分ですよ。会費も千円いただくんだから」

克彦が喜んでくれました。

五時を過ぎると、だんだんと人が集まってきて、にぎやかな雰囲気に。総勢十八人ほどになり、持ちよったごちそうが並びました。

「わあ、まり子先生もいるんだ。今年から自治会の当番なんですよね。よろしくお願いします」

参加者はみんなご近所さんたち。あんまり飲みすぎないようにしなきゃね……私、いちおうは教師なんだから。

ひとゝおりの料理を作り終えた克彦が、私の横に密着するように座ってきました。すでにかなり酔っぱらっているようで、陽気な口調で話しかけてきます。

「まり子先生はどんな人が好みなんですか？」

「強くて大きくてうまい人」

「ああ、それ、オレだわ」

酔っぱらうと、ついつい下ネタを連発してしまう私。でも、本音なんです。

いっしょに飲んでいるうちに、克彦とは気が合うことがすぐにわかり、なんだか心が浮き立ってきます。横顔にチラチラと熱い視線を感じて、体も熱くなってきました。

「横顔が美しい女性って、なかなかいないです」

「俺も学生時代に水泳やっていたんですよ。ほら、胸板が厚いでしょ」

克彦はぐいぐいと私にアプローチしてきました。

久しぶりに女の部分を褒めてもらってドキドキ……。

すっかり忘れかけていた性欲。それが急にむくむくと湧きあがってくる感じ。

じんわりと太ももの内側が熱くなってきて、気づかれないようにそっとテーブルの下で太もものつけ根を擦《こす》り合わせてしまいました。

一カ月後の五月末。中間テストが終わったばかりで、ちょっとのんびり気分の週末。

とくに学校行事も地域イベントもなく、この土日はゆったりと自宅で家事をして過ごそうと考えていた金曜日の夜、克彦から携帯電話にメールが来ました。

――明日の土曜日夜六時、自治会役員有志で飲み会を開くことになりました。ぜひいらしてください。会費二千円。手ぶらでどうぞ。

ちょうど明日の夜、夫は出張で不在。娘は夜十時まで塾の日。ひとりで夕飯を食べる予定だったので、二千円でおいしい夕飯にありつけるなら万々歳だと思い、すぐに参加の返事を送りました。

その夜の参加者は六人と少人数。飲んべえばかりが集まっていて、約束の六時に私が顔を出したときは、料理を作っている克彦以外、すでにみんなベロベロ状態。

「ああ、まり子先生、おれたちヒマだからさ、四時から飲んでるんですよ、ははは」

私も駆けつけ三杯、いえ、それ以上、ぐいぐいとハイピッチで飲みはじめます。

七時を過ぎたころ、泥酔状態の仲間たちの目を盗んで、克彦がそっと耳打ちしてきました。

「ちょっと二階へおいでよ、事務所を見せてあげるから。奥さんは出かけてるから誰もいないんだよ」

「あら、ホント？　どんな事務所か見てみたいわ」

克彦のあとを追って二階へ上がりました。机が三つ、パソコンやコピー機も並んでいて、いかにも事務所っぽい。興味本位で部屋を観察していると、ぱちんと電気が消えました。

暗闇のなか、彼がいきなり正面から抱きついてきて、押し倒されました。冷たい床の上に転がったときに思いました。

どうしよう。これはまずいでしょ、自宅だもん。見つかったらどうするの？

でも、やめたくない。拒否したくない。

「こうなる気がしてたよ、最初から……」

克彦が耳もとでささやきました。

お酒が入って体が熱くなると、私は無性に男のごつい手や厚い胸板が欲しくなり、抑えられないうずきが湧いてきます。

あぁ……もうちょっと、もう少し強く抱いてほしい……。

でもその夜は、セックスまでにはいたりませんでした。階下に役員仲間がいる状況では、さすがに理性が勝ってしまったのです。

その日をきっかけに、ふたりきりでこっそり会うことに。

克彦の自宅と私の住むマンションは自転車で五分ほどの距離だから、超ご近所どうし。家族はもちろん、近所の人たちにもバレないことがなによりも大事です。とはいえ、こっそり会うのは、どこがいいのか……。

「やっぱり、いちばん安全なのはホテルだと思うよ。市内はまずいから、車で二十分のところにラブホテルがある。そこがいいと思うよ」

「そうね……それが最善策ね」

連絡方法はいつもメール。送受信したら、すぐに消去する約束をしました。

毎週月曜日は、非常勤講師の私にとって授業がないので定休日でした。克彦も仕事に行くふりをして外出できる。自営業ならではの自由をうまく利用していたのでした。

まだ残暑の厳しい九月半ば、月曜日の朝十時。つばの広い帽子にサングラス、ジーンズに白いTシャツという目立たないスタイルで家を出ました。自宅から徒歩五分の電気店前で待ち合わせです。

どうか誰にも会いませんように、と祈りつつ、彼の車に乗りこむまでは心臓がバクバク。

そして無事に高速道路わきのラブホテルへ。サービスタイムは十時から十六時で五千円という安さにびっくり。真昼間から利用するのは、はじめてでした。

「わあ、なんてきれいな裸なんだろう……くびれもあるし、おっぱいがプリンみたいだ」

お風呂へ入ってきた私を見て、克彦は子供みたいにうれしそうな声をあげました。

「妊娠線もぜんぜんないし……見えないところはもっとまっ白なんだねえ」

お湯をいっぱいに張った湯舟に入ると、やわらかにうしろから抱きしめられて、おっぱいをぐるんぐるんと揉《も》まれました。

「いいなあ、ぽよんとしたこの感触。俺のまわりにいる女って、貧乳ばっかりなんだよ。やっぱり大きなおっぱいはいいなぁ」

厚くて硬い胸板に体を預けると、久しぶりのうずきがおなかの奥からきゅるきゅると湧きあがってきます。

あれ、私ってセックス何年ぶりなのかしら。大丈夫かな。あそこ、塞がってないかしら。ちゃんと濡れるのかな……。

オナニーは毎晩しているけど、指しか入れてないし……急に心配になってきたわ。

三十九歳の人妻のくせに、そんなことを考えている自分がおかしくなります。ぎゅっと乳首をつままれる。

うわ、気持ちいい。痛くていい。おなかにぐっと響く……。

「ね、今のやつ、もっとやって」

「わお、痛いの好きなんだ、やっぱり。そうだと思ったんだ、へへへ」

人さし指と中指の第一関節で両方の乳首を挟みあげて、コシコシとしごかれると、腰が浮きあがってきて、じっとしていられなくなりました。

「いやよ、ここじゃ。早くベッドで」

そう、それに早く見たい、彼のおち×ちん。まだ確かめてないもん、私の好みかどうか。

ふたりでベッドに横たわると、せっかちな私はすぐにフェラチオ開始。

やっと観察できるわ、彼のおち×ちん。ふーん、極めて標準サイズね。亀頭が細いのが残念。もっと張っていたらよかったのになぁ……。

冷静に分析しつつも、早く挿入したい一心でせっせと上下に口を動かします。

「うふ、硬くなるの早いのね。もう入れてほしい……」

甘えた声を出しながら、私のあそこ、ちゃんと濡れてるかしらと不安になって、中指をこっそり入れてみる。ぐっしょり、べっちゃりした感触。

わ、すごい、これならいつでも大丈夫。

「ね、すぐ入れて、前置きはいらないの」

とにかく指より太いもので、あそこの中をこすってほしいというずきが止まりません。痛いくらいにガシガシと動いて擦ってほしい。男の肉体に飢えていることを隠す余裕もないままに、自分からぐいんぐいんと腰を動かしてしまいました。

「うわ、ちょ、ちょっと待ってくれ。そんな動いたらすぐ出ちゃうぞ」

五分もたたないうちにゴムの中に放出。しまった、ついガツガツしちゃったわ。

でも、久しぶりのセックスはすごく気持ちよかった。

こうして毎週月曜日のサービスタイムはラブホテルで過ごすことに。克彦はいつもふたりぶんのお弁当を作ってきました。

「このほうが無駄なお金を使わなくていいだろう。ほら、今日はサンドイッチにしてみたよ」

なんて安あがりなデートでしょう。ちょっとムカつく気もするけれど、まあ、いいか……。

このごろになってはじめて、克彦の財政事情がわかってきました。どうやら経営している工務店は仕事が激減し、火の車。いつ倒産してもおかしくない状況で、仕方なく奥さんがパートに出て生活費を工面しているらしい……。

彼のお小遣いは月に二万円。ラブホテル代が週一回五千円だから四回で二万円。割り勘にしてくれよ、と頼まれても、断れませんでした。彼とのセックスが、カラカラに乾いていた当時の私の体には必要だったから。

三十代半ばから急に性欲が強くなってきて、とくに生理前の一週間はじっと椅子に座っているとむずむずしてきて、あそこをなにかに擦りつけたくなってくる。でも、相手がいない。もんもんとするのを忘れようとして、生理前はお酒の量が増える。

そして毎晩寝る前のオナニー。しないと眠れないのです。だから、性的潤いを与えてくれる彼は大切な人。毎週月曜日は、一週間分の潤いを蓄える日だったのです。

そんなふわふわと浮かれた日々が一年ほど過ぎた八月はじめ、日曜日の夕方四時。蒸し暑く肌にまつわりつくような熱気のなか、夏休み中の防犯パトロールが開催され、私もお手伝いをしました。そして汗だくのパトロールのあとは、いつものように克彦の自宅で打ちあげです。

その夜は十時を過ぎると、疲れきった参加者たちは次々と帰宅してしまい、最後は私と克彦だけになりました。

「片づけ、私も手伝うわよ」

「ありがとう。じゃ、こっちに来て洗い物してくれよ」

流しでお皿やグラスを洗っていると、ふいにうしろからスカートの中に手が……。

ざらついた太い指でクリトリスを擦られると、酔って火照った体がゆらゆら揺れて、すごく気持ちよくなってきました。

「ちょっとぉ……危ないわ。あん、グラス、落としちゃう」

口ではそう言いながら、もっと奥まで指を入れて擦ってほしい。あぁん、指じゃなくて、おち×ちんでしてほしいの、と切望しながら、お尻をさらに高く掲げます。

私は自分からパンティーを下ろし、流しの横にあったごみ箱に右足を乗せて受け入れポーズを取りました。

そして、彼の亀頭がずるりと入ってきたそのときです。

「ちょっと……そこでなにやってるの」

克彦の奥さんがものすごい鬼の形相で怒鳴りながら、こちらに近づいてきたのです。

えっ、奥さんは今夜は留守じゃなかったの？

ありえない、こんなハプニング。よりにもよって奥さんに見つかるなんて……。

とにかく逃げなきゃ、ここから逃げなきゃ。

私はパンティーをぐいっと引きあげると、バッグをひっつかみ、玄関から脱出しようとしたのですが、あれ、私の靴がない。

「あなたの靴はお預かりしてますよ」

奥さんがそう冷ややかな声で笑いかけてきたのです。

「あなたのお名前は？　どちらにお住まいなの？　ご家族は？」

私の靴を片手に、質問攻撃をしながら玄関に立ちふさがる奥さん。

なにかのドラマみたい。それともどっきりカメラ？

いや、しっかり現実だ。ちゃんとしなきゃ、あたし、学校の教師なんだから。

でも、足が震えて動けません。鬼のような顔でにらみつけられて、恐ろしくて冷や汗がだくだくと背中を流れていきます。

「おい、そんな面接してどうするんだ。俺がぜんぶ悪いんだ。すまん。この人はもう帰してやってくれよ」

そう懇願する克彦をジロリと見ながら、

「いいえ、悪いのはこの女よ。このまま帰すわけにいきませんからね」

自分の夫が私をかばった。そのことが怒りを助長させたようです。

すでに夜十一時。

まったくもう、読みが甘いんだから。奥さんが帰って来るなら、私もさっさと家に戻ったのに。

心の中で克彦に悪態をつきながらも、ひたすら脱出する隙を狙っていました。

三十分ほど過ぎたころ、疲れたのか、奥さんがため息をつきながらキッチンの椅子に座った瞬間、私はダッシュで玄関へ走り、裸足のまま外へ。そのまま家まで全速力で走って帰ったのです。

それからしばらくは、奥さんにばったり会うのが怖くて、近所のスーパーへ買い物にも行けませんでした。

——これから三カ月間は、お互いに連絡を取り合わないようにしよう。

あの恐ろしいハプニングの翌朝、克彦から来たメールに少しほっとしながらも、会いたいけど、我慢しなきゃいけないと言い聞かせたのでした。

季節は秋へと移り、紅葉がはじまった十一月中旬。克彦から久しぶりのメールが来ました。

――今月お誕生日だよね。今度の月曜日、プレゼントを届けに行っていいかな。

そう、今月は私の四十歳の誕生日。覚えていてくれたのね。

そして月曜日の朝十時。作業服姿の克彦がやってきました。お客さんの部屋を訪ねる工事業者を装って、ご丁寧に大工道具まで抱えています。

玄関で靴を脱ぐと、それを持って私の部屋へ。万が一にでも、夫か娘が帰宅した場合に備えて、ベッドの下へ隠します。

「ここでセックスするなんて、すごく悪いことするみたいで興奮するなあ」

やっぱり誕生日プレゼントは口実で、セックスしたいんだ。ま、私も同じだからいいか。

潔くさっさと服を脱ぐ私。克彦も作業着を脱ぎ捨てます。

「ベッドに入ると時間が長くなっちゃうからさ、立ったままやろうよ」

「えっ、そんな急いでやるの？」

「誰か来たらたいへんだろう。三十分以内に帰るからさ。ほら、机に手をついて」

毎日教材を作ったり、生徒たちのノートにコメントを書いたりしている自分の机。そこに両手をついてお尻をぐいっと持ちあげます。

すぐにずるりと入ってきました。前戯なしの即席セックス。

だけどいい、膣内をがつがつ動きまわるやりかたがいい。痛くて好き。きっとまた来週もやりたくなっちゃう……。

とはいえ、自分の部屋での不倫セックスは、どうしても気が散ってしまいます。常に不安で集中できない。

ラブホテルのほうがずっといいのになぁ……。

十二月最初の月曜日、午前中。

例によって私の部屋でセックス中に、克彦の電話に着信が。奥さんからのようで、とても慌てている様子。

「今、どこだって？　工事現場だよ。なに、言ってるんだ。冗談はよせ」

うわずった声で電話を切ると、

「たいへんだ。うちのやつがこのマンションの下に来ているらしい。君からのメールを読んで、今日、ここに来ていることがばれちまったようだ。ごめん。今日はすぐに帰る」

私からのメールを盗み見されていたのが、原因だなんて。まったく脇が甘いんだから……。

ハートマークいっぱいのメールを、あの怖い奥さんに読まれてしまったなんて、もう悔しくて恥ずかしくて、本当に腹が立ちました。

寝るときは携帯電話をしっかりと隠しておく。ロックもかける。

そんな基本的なこともしないで、よくご近所不倫なんてやれるわよね。ああ、アホらしい。

慌てふためいて逃げ帰る克彦を見送ると、すーっと気持ちが冷めていくのがわかりました。

そしてその日を最後に、連絡を取るのをやめたのです。

奥さんが怖くてすっ飛んで帰った彼。

そんなものよね。家庭が大事、奥さんがいちばん大事。恨む気持ちはありません。あの人のおかげで、もう一度女としての自信を持つことができたのですから。

以来、こんなにすぐ近くに住んでいるのに、一度も克彦を見かけたことはありません。幸いなことに、あの怖い奥さんにも……。

青い性愛——神奈川県・会社員・六十四歳・男性

吉沢健司《よしざわけんじ》は目覚めた。といっても目はまだ開けていない。意識ははっきりしていた。右手に重みを感じた。胸の横から寝息が聞こえる。目を開けた。健司がその朝最初に見た光景は、腕枕で眠っている金子文江《かねこふみえ》の寝顔だった。

昨晩激しく愛し合ったあと、眠ってしまった。文江の寝顔を見るのは二回目になる。長いまつげはまだ閉じたままだ。

二十三歳ながらあどけなさを残す顔立ちは、最近めっぽう色っぽくなった。

文江は二カ月前に健司に抱かれて女になった。健司も文江によって男になった。お互いに二十三歳まで童貞と処女だった。

健司は、女性に対する興味は人一倍あったが、仮性包茎というコンプレックスがあり、積極的に接する機会がなかった。

一方の文江は、もともとが控えめな性格で、高校が女子校で異性と知り合う機会がなかった。加えて、体毛の面積が多く、かつ濃いというコンプレックスがあった。

「だんだん俺たち、激しくなってきたな。なにごとも経験と訓練だよな。うまくなってきた」

二ダース買い求めた枕もとの避妊具は残りひとつとなっていた。

文江がすでに目を覚ましているのは、健司にはわかっていた。寝たふりをしている。そっといたずらをしてみる気になった。

文江の手を取って、下着の上から完全状態に勃起した男性自身に触らせた。

「いやだあ。昨晩は二回もして寝る前はクターとしていたのに、また大きく硬くなってきたよ。健のこれ」

文江は勃起を握ったままこう言った。

「ふー子がかわいすぎるから、俺の物がこうなってしまうのだ」

健司は答えて、文江に覆いかぶさっていった。

健司と文江は中学の同級生で、三年間同じ委員をしていた。お互い好意以上の気持ちを抱いていたが、言い出す勇気を欠いて、不完全燃焼に終わった。

ふたりのつきあいはじめは、二十歳のときだった。同窓会の幹事をおおせつかり、打ち合わせの帰りぎわ、文江を駅まで送り、震える手で握手を求めた。以来、お互い電話で近況を話し合うようになった。

健司はすぐ交際を申しこんだが、

「専門学校を卒業するまで待って……」

文江はあくまで堅かった。三年たち、彼女は小さいときからの夢である小学校給食の栄養士になった。

健司のほうは、教師の採用試験を二年つづけて落ち、研究室の教授の紹介で中小企業のサラリーマンに内定した。自分自身の気持ちにけじめをつけたいがために、文江に連絡を取った。

たどたどしい申しこみに誠実さを感じ取った文江は、決まった彼氏がいなかったこともあり、健司の申し出を承諾した。そのときの健司の喜びようは、天にも昇る気持ちであった。

忙しい合間を縫ってつきあいがはじまり、デートを重ねた。どんどんお互いが引かれていった。腕を組み、手をつなぎ、笑い合い、キスをした。

ふたりが結ばれるまでの過程は、信じられないほど青くさかった。

「男というのは、心の奥底に一匹の怪獣を飼っている。ふだんは理性で抑えているけれど、いつか抑えきれなくなるときがある」

健司はまじめな顔でそう言うと、ズバっと直球を投げた。

「ふー子、おまえが好きだ。抱きたい。ぜんぶくれ。責任は持つ」


文江は、若い男の人が若い女性に対して望んでいることを、姉とか友人から聞いて知っていた。しかし素直に「はい」とは言えなかったし、言うつもりもなかった。

以前あまり好きでもない男から言いよられて、無理やり抱きしめられてキスされそうになったことがあった。健司にはむろん言っていないし隠していた。健司もよく知っている人間だった。

しかし、健司にならそろそろいいかなと思いはじめてもいた。

一カ月ぶりのデート映画の帰り、公園で門限が迫る文江を抱きよせる健司が、硬い表情でぼそりと話した。

「俺のこと嫌いか？」

「そんなことないですよ」

文江の唇に健司の唇が重なった。最初のキスだった。そうしながら、健司は手を文江の胸に持っていった。

「やわらかい。そしてデカい」

ブラと衣服の上からも実感することができた。しかし、文江は身をよじらせて、健司の手を払いのけた。

二度目のキスのときはスカートを擦《こす》るだけで、そして三度目のキスの際はスカートをたくしあげただけで文江は拒否し、健司の思いを打ち砕いた。

健司は必死に懇願した。

「ふー子、俺とのこと、真剣に考えてください。そして、俺が望んでいることをかなえさせてください。俺は君を選びたい」

文江は、自分ではわかっているが、素直に行動に移せないのだ。嫌いではない男からそこまで言われて断る理由が見つけられなかった。自分自身でも健司と一線をこえてみたい気がしていた。

求められているのなら、あげてもいいかという気になっていた。が、計算が働いた。

「遊びじゃいやですよ」

しっかりとした言質《げんち》を取っておきたかった。

七月のある週末、健司は横浜《よこはま》の港が見えるホテルを予約した。ホテルの部屋のドアを開けたときから、健司は舞いあがっていた。

いきなりベッドに近寄り、文江をベッドに押し倒してキスをした。寝ながらキスをしたのは、はじめてだった。新鮮な感じがした。

このまま、先に進もうかとも思ったが、文江が立ちあがり、窓辺のカーテンを開けた。それはこれからはじまるセレモニーの雰囲気づくりのようでもあった。

窓外には港の夜景がきれいにひろがっていた。買ってきたワインで軽く乾杯をしたあと、健司は先にシャワーを浴び、文江がシャワーに行ってる間に避妊具の準備をした。

心臓が興奮で早鐘を打っていた。

セレモニーは、ベッドサイドに並んで会話することからはじまった。健司の手が文江の背中にまわされて、ふたりは倒れこんだ。

部屋を暗くした。うっすらとおぼろげにお互いの体の輪郭がわかる程度の暗さだった。

キスからはじまった。健司の唇は文江の唇を吸いつづけた。文江の唇はひたすら受け身だった。健司は舌を入れてみた。文江は従順に受け入れた。

そして健司はガウンのひもをほどいた。ブラジャーとパンティーは夜目にも白く、はっきり見えた。健司はパンツ一丁になった。文江の背中に腕をまわし、ブラジャーをはずしにかかった。

金具の部分に指を一本入れ、引っぱった。ブラジャーのひもはスルリと取れた。肩からブラひもをはずしにかかった。文江がわずかに腕を曲げて、協力してくれた。

ブラは文江の手により、枕の下に隠された。文江の白くてたわわな乳房が露出された。健司の直視にたえられず、彼女は腕で乳房をすぐ隠してしまった。

「恥ずかしいよ、健。そんなに、ジロジロ見ないで。早く毛布をかけて」

文江のリクエストに応えて、健司は毛布をかけたあと、文江の乳房に直接触れた。思っていた以上にやわらかかった。

乳首は半分、乳房の中に埋もれていた。手のひらの真ん中で、乳首が感じられはじめた。そこに唇を近づけていった。淡いピンク色の乳首を吸った。文江の体が一瞬しなった。

「ううっ……」

文江の呼吸が次第に荒くなってきた。腋《わき》の下を舐《な》めた。きれいに手入れがしてあった。いやがる様子はない。耳に息をそっと吹きかけた。

左手で胸を揉《も》みしだき、右の乳首を健司は舌で蹂躙《じゅうりん》した。文江の上半身は健司の支配下にあった。健司の左手が文江のへそあたりに移った。

文江は一瞬ピクンと反応した。健司にされるがままにしている。覚悟を決めたようだ。わき腹からパンティーに触れた。

すると文江は、健司の手を拒否しようとしたので、健司が耳もとでささやいた。

「ふー子、好きだよ」

このひとことで、文江の抵抗の力が抜けた。アンダーヘアの部分をパンティーの上から触った。布地の上からやわらかさが感じられた。

中指を文江の足と足の間に割りこませた。両足はしっかりと閉じられている。パンティーの布地の上から湿り気と温かさを感じた。

文江はまたもや手をつかんで、拒否の姿勢を取った。それを振りはらって、強引にパンティーの上部から手を潜りこませた。長めのヘアが直接感じられた。そして、パンティーを脱がしはじめた。

文江はさすがに抵抗をあきらめたとみえ、下半身を浮かして健司が脱がすのを協力してくれた。

文江はそのパンティーを健司から奪うように取ると、ブラのときと同じように、枕の下にすばやく隠した。健司もあせるようにパンツを下ろした。

そして全裸で重なり合い、健司の手と口が文江の胸をはいまわった。

文江の手はしっかりシーツの端を握っている。

健司の左手が、文江のヘアに触れた。指にからみつく長めの毛足と広めの表面積を感じさせる毛量だった。

その密林をかきわけると、じめっと湿った陰裂部に指が触れた。文江はピクっとし

て、全身を硬直させて、

「あっ」

と、声を発した。指先が熱く粘った愛液で濡れた。指をなであげると、文江は健司にしがみついてきた。

割れ目の上部の小豆くらいのふくらみに触れると、文江の声はさらに大きくなった。

「あ、いいわ。感じるぅ」

「ここ？」

と、健司は間の抜けた質問をした。

「そう、そこ、そこ」

文江は自ら、股を大きく開き、メスの匂いを発散させた。健司は興奮して、中指のつけ根の腹の部分を激しく前後に動かした。

「ああ、だめぇ……」

文江の白い全身の肌が桜色に染まり、体がピクンと一瞬、痙攣《けいれん》したように思えた。

健司の中指は、それでも文江の秘密の谷の探検をやめず、谷の中心部ほどの小さな陥没を探り当てると、文江は身をよじらせて逃げた。

「だめ。そこ、違う。おしっこの出るところよ」

「あ、ごめん」

指を抜き、上部の先端部に戻り、豆をふたたび触りはじめた。

「あ、そこ、気持ちいい」

熱泉が潤滑油となり、文江は感きわまった声をあげた。健司は、ベッドサイドにある避妊具に手を伸ばして装着した。

健司は、文江の足の間に割って入り、足をひろげて腰を入れこんだ。縦に見える溝の中ほどに向かい突撃した。

しかし、角度が合わないのか、溝をスルリと上に滑って、うまく挿入ができなかった。三回ほどくり返したが、むなしく空を切った。空振りである。

「もっと下です」

か細い声で、文江がアドバイスする。健司は焦っていた。

(えっ？　この人、やっぱり経験ないのだ。いっぱい遊んできたかと思っていた。とりあえず、ぜんぶまかせよう)

と、文江は考えた。

試行錯誤のすえに健司は、分身に手をそえてその場所を探し当てた。きつめだったが、先端部がうまく挿入できたので、半分ほどまで挿しこんだ。

文江はかなり痛みをともなっているようで、眉間にしわを寄せている。文江がだんだんせりあがり、ベッドのヘッドボードに頭が当たった。たえるかのように両腕を健司の背中に巻きつけ、抱きついてきた。

健司はその隙に分身をさらに奥に進めた。

「ぜんぶ、入ったよ。俺たち、ひとつになった」

健司がささやくと、文江もうなずきながら、

「うん、わかったわ。奥まで入ってるぅ」

連結されている部分を、様子を見ながら少しずつ動かしはじめた。すると文江の唇が半開きになり、せつなげな吐息がこぼれた。健司のほうも絶頂が訪れつつあった。

健司は、文江とつながっている部分に光が集まり、エネルギーが注がれる幻想を感じた。

射精の放出感が六回ほどつづいた。文江が落ちつくまで待ったあと、ゆっくりと分身を引き抜いた。

「どうだった？」

「うん、少し痛いけど、気持ちよかったわ」

恥ずかしそうに言いながら、文江は健司の右腕を枕にして横になった。これ以降、むつみ合ったときは、この腕枕がふたりの愛のパターンとなった。

健司と文江のふたりは、月に二回ぐらいデートをして、最後にラブホテルに行くことが習慣になった。

「そこはだめ、だめだってば……健のいじわる」

最初身を固くしていた文江は、次第に積極的になり、二回に一回くらい、女としての快楽の頂点を迎えるようになった。

「ああ、いやいや、やめて……やめちゃ、だめ、ううう……ん」

ときに、健司が驚くような悩ましいあえぎ声をあげることもある。最初のころにあった鈍い痛みは、四回目の結合あたりから痛くなくなった。

「なんか、アソコがひろがったような感じ。健の太さに合った大きさになったのかもね」

と、文江は表現した。

一方、性に関してまったくの初心者だった健司も、文江と関係を重ねることにより、早漏を克服した。最初のころ、健司は挿入するとすぐ射精してしまった。

文江は辛抱強くつきあい、次第に焦らなくなった。いまでは文江が頂点を迎えるのを待って、自在に射精ができるまでに上達した。

もちろん、健司のコンプレックスだった仮性包茎も、経験を重ねて、分身を何度か出し入れしているうちに皮がずる剝《む》けして、自然と治った。

そして、快感を与えてくれる文江をたまらなくいとしくなった。文江のあどけない寝顔を見ていると、かけがえのない、もっとも貴重な人を自分の手中に捕まえたと健司は思う。

しかし、文江にとって健司とこういう性愛関係になっていることが最善のこととは思われない。自分が文江を捕まえておいてよいのだろうかと思うこともある。

文江ほどの器量と知性があれば、家柄のいい、もっと利口で、将来性のあるふさわしい男に出会えることもできたのではないか。

そう思いながらも、性に目覚めた健司は文江と会えば、ホテルに必ず足を向ける。健司が誘うと、文江もいやと言わない。余韻を楽しんでいる間、お互いの体を鑑賞する。体の探り合いで思わぬところに黒子《ほくろ》を見つけたりする。文江の胸もとに黒子があるのも知った。腰骨のところにもあった。

その黒子に唇を寄せて舐めると、文江は体をよじってもだえる。その淫らな肢体を見て、健司はまた先ほど放出したばかりで萎えていた分身に力を蘇《よみがえ》らせる。こうした性愛の世界に踏みこみ、女性に接する喜びと発見は、小学生が高価な玩具を与えられたのに似ていた。

文江の乳房を吸い、へそのまわりに舌をはわせた。

「あっはん……健、くすぐったいってば」

あえぐ文江の足を開かせたまま、健司は文江の足と足の間をのぞきこんだ。様子に気づいた文江は、慌てて足を閉じかけたが、健司の力に負けて、そのままM字に足を開脚させられた。

「ばか、いや、見ちゃ」

恥ずかしげに手で顔を覆う文江に構わず、健司が長年見たくてしょうがないものをまじまじと目の当《ま》たりした。

女性器である。ぼうぼうとした草むらからはみ出した肉の花弁は、よじれてひろがり、ぬめり汁に覆われて海藻の匂いがした。

外観は小さめの鮑《あわび》に似ていた。内部はザクロの赤に似ていた。少し塩味で粘膜を舐めた感触はイソギンチャクのようだった。

新しい発見だった。見て、触って、舐めた。

文江は健司の男性器に興味を持ちはじめた。文江はもぞもぞと健司の下腹部に目をやった。

「いやだぁ、また大きく硬くなっているよ」

「するか?」

「うん」

文江はうなずいた。

しっかりとその右手は、健司の直立した分身の根元を握っており、分身からにじみ出ているがまん汁を絞り出した。

そして、左手でヌルヌル感をもてあそんだ。

確実に健司と文江の性愛生活は進展を見せていた。

直線的だった健司の腰の律動は、性の経験を積むごとにカーブとかシュートを交えてきている。文江のほうもミットを巧みにずらして感触が多彩になってきた。

ふたりのバッテリーは、責めるコース、受け止めるミットが多彩になってきた。

そんな健司と文江であったが、別れは突然に来て、そしてあっけなくもろくも崩れ去った。

原因は健司の浮気であった。職場の同僚の前島理恵子《まえじまりえこ》が健司に接近してきた。就職を機に彼氏と別れた理恵子は、新しい彼を探していた。在学中に複数の男性経験のある理恵子は、同期の中で健司に狙いを定めた。

文江との性愛経験のある健司に、ガツガツしていない落ちつきを感じたせいもある。

理恵子は、仕事上のつきあいから健司のことを知っていくうちに好きになっていった。同期入社の親睦会があり、家が同じ方向なので健司に送ってもらい、自分のアパートに引きこんだ。

理恵子は健司の誘惑に成功した。それに健司は簡単に引っかかったのだ。

理恵子のテクニックと体は素晴らしかった。いろいろな性技をくり出す理恵子に、健司は翻弄された。

健司と文江がつちかった性愛テクニックと、理恵子のそれを比較するならば、少年野球と高校野球ほどのレベルの違いがあった。

健司は、習い覚えたテクニックを文江に用いた。それが文江にばれた。

その冬に、ふたりに別れが来た。

ひりつく欲望――滋賀県・会社員・四十八歳・女性

「由美子《ゆみこ》、ちょっとぽっちゃりしたか」

「やだ、やっぱりばれた」

シャワーを浴び、冷蔵庫からビールを取り出した主人が、濡れた髪を束ね、歯を磨きながらリビングをうろつく私に声をかける。

去年買ったグレーのTシャツワンピが体にぴったり張りつき、ボディーラインを強調しているので、主人にはアラフィフの体が隠せない。

「ほら、むちむちしちゃってさ」

洗面台で口をゆすぐ私の背後から、主人がむにゅっとお尻をなでまわす。

思わずおなかに力を入れ、たるんだウエストまわりを少しでも隠そうとするが、効果はない。

「Tバックなのか、いい触り心地だな」

「太って食いこんでるって言いたいんでしょ」

「いや、たまらん」

突然の誘惑にも私の体は敏感に反応をはじめ、鏡に映る無防備な胸には、もうふたつの突起物がとがり出ている。

「最近、感じやすくなったんじゃないか」

主人はゆっくりと膝をつくと、ワンピの裾をまくりあげ、パンティーの上から、蒸れはじめた秘部に息を吹きかけた。

私は目を閉じて、つぼみが呼吸するのを感じる。

三十九歳のときに六歳年上の主人と結婚して、はや十年。私はもうすぐ女を終えるのだろうか。ここ最近、妙に性欲が加速し、少し照れくさい。

「あぁ……いいわ」

主人の手が、太ももをゆっくりと上下にさすり、私の体を火照らせてゆく。

指も舌も、脚のつけ根まではたどりつくのに、その先には進んでもらえない。

「ねえ、早く。もっとして」

「だめだ。俺は一回しかできないんだし、由美子が先にイカないとな」

ここ数年、なかなか二回戦に突入できなくなった主人は、私をねちねちと責めたてて、じらすことが楽しいらしい。

もちろん私は十分に悦《よろこ》びで満たされ、全身を震わせる。

「触って、お願い……早く……」

立っていられないほどの高ぶりが、私をのけ反らせる。

「エロいなぁ。こんなエロい熟女、職場の若いアルバイトに狙われてるんじゃないのか」

「ばか、言わないでよ。年下なんて興味ないんだから……あん、ううっ、あぁん」

「あれ、もうこんなにお汁が垂れてる」

主人のごつごつした指がパンティーをずらし、濡れそぼった秘部をもてあそぶ。

「いい、気持ちいい、あぁ、あぁん」

「バイブにしようか」

「いやだ。あなたが来て。あぁ、すごい」

主人の股間もすでに起していた。白髪の交じった陰毛も全体的に薄くなり、主人のいとおしいペニスがじっと私を見つめているようでほほえましい。

思わず、ぱくっと咥《くわ》える。

口の中でさらに膨張する肉塊は、私への愛情の証《あかし》。それなのに、私の脳裏には主人のなにげないひとことで若い男の顔が蘇《よみがえ》ってきた。

私の男性経験の中で、たったひとりの年下男子。欲求を満たすためだけに抱き合っていた弘樹《ひろき》のことを思い出しながら、私は主人の上にゆっくりとまたがっていった。

三十五歳、独身。身長一五五センチ、体重五十キロ。セミロングの茶髪をいつも束ねている私は、一重でつり目のせいか、クールだとか、恋愛より仕事主義だよね、と言われることが多い。

仕事はイベント会場のアルバイトの人材管理だが、毎年四月は大学生の登録者が多く、問題も勃発するので、梅雨が明けるまでは連休を取るのも難しい。今年のゴールデンウイークも、一日も休みが取れずに終わった。

「おう、横山《よこやま》、今、どこだ。悪いけど、ひとり来てないから、横山がこれから代わりに入ってよ」

「え、今からですか」

あと少しで事務所に到着というところで、主任から連絡が入った。アルバイトのドタキャンだ。

無断欠勤を見こんで派遣先を決めるのもひと苦労だと、昨日、事務所で主任と愚痴をこぼしていたところだった。

「じゃあ、今日は直帰にしてください」

「了解。がんばってくれよ」

私はコンビニに車を止め、主任から送られてきた詳細に目を通す。会場まで時間の余裕があるだけでも助かったと思いながら、車を走らせた。

「今日は私が入りますので、よろしく」

「はい、よろしくお願いします」

私のあいさつに応じた六人のアルバイトのなかに、まっすぐ目を合わせ、はきはきとあいさつをする男の子がいた。たったこれだけのことだが、感じがいい。手もとの資料に目をやると、片岡《かたおか》弘樹とあった。

片岡君の仕事ぶりは思ったとおり真面目で、安心して場を任すことができた。

「お疲れさまでした」

夜の九時。駐車場から車を出すと、アルバイトの男女六人が、バスを待ちながら楽しそうにはしゃいでいる。

あのなかで、カップルが成立したりはしないのだろうか……。

そんなよけいなことを考えながら、私は久しぶりにスーパー銭湯へ寄って帰ることにした。

平日の夜だからか、女湯は閑散としている。ぼーっとお湯につかりながら目の前を歩く女性を好き勝手に観察していると、あっという間に時間が過ぎる。

自分の体は他人から見ればどう映るのだろうか。

Cカップの胸を手ですっぽり包みこむと、二十代のころよりも少し位置が下がっている。最後にセックスをしてから三年は過ぎているから、女性ホルモンが眠ったままなのかもしれない。

立ち仕事でむくんだ足を足首から太ももへと揉《も》みながら、三十路《みそじ》の女体が飢えていることを、私は無意識に心のどこかに閉じこめた。

翌日、遅番の私は午後一時に事務所に出社した。主任が大量の書類と戦っている。

「悪いな。今日もメールが来たからさ、体調不良でのドタキャンが」

「つまり、また私が代役……ですよね」

「そうなるよね。四時、昨日の会場」

断れない私に笑いかけ、主任はよろしくと手を挙げて事務所から出ていった。

「明日は、ドタキャン入っても、絶対に入りませんからね」

そんな小言を言いながら、私は主任の机に置かれたスケジュールを確認した。昨日の片岡君といっしょに二時間の配膳作業だ。彼となら問題なく終わり、きっと早く帰れるだろう。

「あれ、横山さん、お疲れさまです」

「赤坂《あかさか》さんが欠勤なんだって」

「昨日、明日休もうかなって言ってましたよ」

「ふうん」

これぐらいでは驚かなくなったのが不思議だ。相手がひとまわり以上離れた世代だからなのか腹が立つこともなく、こういうものだと思考回路が働くらしい。

「今日は私とふたりだけだから、よろしくね」

「はい、余裕ですよ」

片岡君はそう言うと、昨日以上にきびきびと動きまわっていた。その姿は確かに男らしくてドキッとさせる要素がある。

一七〇センチほどの細身ですらっとした体形も、ときどき見せる笑顔も、きっとモテているに違いないと思った。

仕事は予定どおりスムーズに運び、私たちは六時ぴったりに解放された。

「おなかが減ったね」

「今、なにが食べたい気分ですか」

「うーん、回転ずしかな」

「俺もですよ」

「いっしょに行こうか」

「はい、いいんですか」

当然、断ってくると思っていたし、その場の成り行きで言っただけだったのだが、片岡君は断らなかった。

なぜ断らないのか不思議に思いながらも、たまにはいいかと自分に言い聞かせる。

「じゃあ、私の車で行こうか」

「はい、超ラッキー」

そんな底抜けに明るい返事をした片岡君は、着がえて私を裏口で待っていた。デニムに黒のTシャツ。ノースフェイスのリュックを背負い、ナイキの白いスニーカー。カジュアルな服装なのに、大人っぽく見える。清潔感があり、なにより私好みの服装だ。

私は黒のタイトスカートにラベンダー色のふんわりしたブラウスを着ていた。少しでも若く見えればうれしいと思って化粧も整え、夜用に口紅の色をピンクに変えた。

「横山さん、なんかかわいいですね」

かわいいという言葉が彼の口から出たことに驚いて、思わず片岡君をじっと見る。

「さっきの制服と、感じがぜんぜん違うから」

意味のない社交辞令だとわかっているのに、ほんの少しでも反応した自分が恥ずかしい。

「ありがとう。じゃあ、乗って」

大人の女の余裕をつくろうように、車のエンジンをかける。

回転ずし店まで、十五分ほどの間に、片岡君は自分のことをぺらぺらとしゃべっていた。

片岡君は経済学部に通う大学三年生。静岡の実家の父親は仕事が忙しく、めったに会わないが、母親とは買い物にもいっしょに行く関係らしい。

「僕、ひとりっ子なので、横山さんがお姉さんみたいに思えてきましたよ」

「お姉さん……私、三十五歳だから年齢が離れすぎだけどね」

「え、三十五歳なんですか。ぜんぜん若く見えますよ」

きっと年齢差がありすぎるので、遠慮なくなんでも言えてなんでも聞けるのかもしれない。私は、このおしゃべりな男の子との時間を楽しみはじめていた。

お店に着くとすぐにテーブル席に案内され、私たちは向かい合って座った。

隣のテーブルには、イナバウアーと言いながら上体を反らしてふざけている子供と若い夫婦。反対側にはふたりのビジネスマンがいる。

明らかに年上の女が年下の男をたぶらかしているに違いないという、好奇の視線が私を突き刺す。

ところが、片岡君はあまり他人の目は気にしていないようだ。手ぎわよく注文をして、取り皿まで準備をしてくれた。

「片岡君、彼女はいないの」

「女友達は多いんですけどね、特定の彼女となると、面倒くさそうだし、作ってません」

そうだ。草食系男子の上を行く世代なのだ。隣のビジネスマンが席を立ったのを確認し、私は心なしか声のトーンを少し高くして、質問をつづける。

「でも、モテそうだよね」

「いや、ほんと彼女がめちゃめちゃ欲しいとか、そこまで思わないんで」

「彼女がいたら、楽しくなると思うけどな」

「よく、そう言われるんですけど、僕、女性経験はフーゾクだけなんですよ」

「えーっ」

なにを言い出したかと思えば、素人童貞だと突然のカミングアウト。しかも、もじもじしながら言ったのではない。堂々と笑顔で、まるで次に注文するすしネタのようにさらっと言ったのだ。

「ちょっと待って。初体験からそういうお店だったの」

「はい、仲のいい先輩が、僕の二十歳の記念に連れていってくれたんですよ。それから何回か行って」

「はまったんだ」

「そういうわけではないんですけど、先輩から誘われたら断れなくて」

あまりにも興味深い案件に、私はここが回転ずしだと忘れそうになっていた。

「彼女はいらないけど、性欲はあるってことだよね」

「さあ、どうでしょう。いつもすぐにイッてしまって、わけわからない感じです。二回目、三回目とかは少し冷静ですけど」

思わず私は彼を凝視した。

私の体は三年間もマグマがうずまく噴火寸前の活火山なのだ。この想定外の刺激に、子宮がじんじんと熱くうずきはじめた。

「フーゾクのお姉さんは、けっこう年上とかいたの」

「はい、たぶん。というか、俺、あんまりそういうの、気にならないんですよ」

このあっけらかんとした十三歳も年下の男性が、恋愛対象になるわけもない。彼氏にしたいとも思わない。

ところが、なぜか私は、このフーゾクしか知らないという目の前の若者に、リアルなセックスを体験させるべきだと、変な使命感が湧いてきた。

年上で素人の私に、彼が欲情してくれるのか試したい。ひと晩中、互いの体を貪り合いたい。

回転ずしの店内という平和な空間で、私の理性を保つ能力が完全に停止したのだ。

「まだ時間も八時前だしさ、お酒飲みながら話すのどう」

「いいすよ。どこ行きますか。横山さんの家とかだめですか」

「え、それでいいの」

「ぜんぜんいいすよ」

片岡君の返事があまりにも軽くて、家を知られてしまうことも、あまり片づいていない部屋も、主任にばれたら面倒になりそうだということも、どうでもよくなってしまった。

「じゃあ、移動しようか」

「はい」

会計を済ませる私のうしろにぴったりと立って、片岡君はにこにこと笑っていた。

「お邪魔しまーす。わぁ、めちゃくちゃ女子の部屋じゃないですか。１Ｋでも広いですね」

「どうぞ、適当に座って」

「はーい」

片岡君は、ソファを背もたれにして床に座った。そして部屋を見わたしながら、あれはなんですか、これはなんですか、と話しかけてくる。

「さて、飲もうか」

Ｔシャツとショートパンツに着がえた私は、太ももを強調するようにわざと三角座りで隣に座った。

「乾杯」

片岡君が一瞬視線を下に反らした。

どうやら、私に狙われていると察知したようだ。

缶ビールをごくごく飲みはじめ、彼の一方的なおしゃべりがさらに加速する。私は相づちを打ちながら、上目遣いで彼を見つめる。

三本目が空くころには、私は片岡君のTシャツの上から腕を触ったり、キャミソールの肩ひもをずらしてみたり、わかりやすい攻撃をしかけていた。

そして、片岡君もわかりやすい反応を見せはじめた。

片岡君の無言の時間が増え、少しずつ私のほうに近づいている。私は今すぐに襲いかかりたい衝動をぐっとこらえながら、彼のシミひとつない陶器のような顔をいたずらに見つめている。

「横になっていいよ」

私がそう言うと、待っていたかのように片岡君はすぐに横になった。私の太ももに顔を埋《うず》めたいはずなのに、視線も合わさず横たわっている。

深夜二時。ふたりの時間がはじまって八時間が過ぎた。私は、なにもしてこない片岡君に合わせるのがいいかげん面倒になってきた。

「ねえ、キスさせて」

そう言って思いきり顔を近づけると、唇の左半分が重なった。弾力があり、潤っている。ゆっくり顔を離すと、片岡君は座りなおして私を見た。私たちはもう一度、唇を合わせた。

酔っぱらっているという理由と、年上だからという事実が、私を積極的に大胆にさせる。舌をからめ、主導権を握る。

ひとことも言葉を発しない片岡君の太ももにそっと手を置き、移動させると、彼の股間はもっこり盛りあがり、デニムを突き破りそうな熱を放出している。

「キス、うまいですね」

私は返事の代わりに、片岡君のTシャツを脱がせた。ほどよい筋肉質の上半身が現れる。

「ズボンも脱いで」

私が耳もとでおねだりすると、片岡君はすぐにデニムを脱ぎ捨て、真っ青のボクサーパンツ一枚になった。その中央には、かちんこちんの若いシンボルが待ちかまえている。

私は見せつけるようにしてキャミソールを脱ぎ、片岡君に抱きついた。水色のブラジャーに彼の手がかかる。

「はずしていいかな」

片岡君は丁寧に私のブラジャーをはずし、生理前のぱんぱんに張った乳房をゆっくり楽しむように揉みはじめた。

「う……」

全身のうぶ毛が逆立つような快感が、一気に私を襲う。久しぶりの男性の手の感覚を貪欲に受け止めて悦びはじめる。

「……舐《な》めて」

乳首にぴたっと彼の舌がまつわりつき、一瞬でとがらせてしまった。いつもより乳首も大きくなってるせいか、私は羞恥心で自分のペースがつかめない。

「あぁ、気持ちいい」

ぺろぺろと一心不乱に舐めまわしながら、ときどき指先でつんつんと硬さを確認している。きっとプロのお姉様たちの指導が生きているのだろう。

丁寧に扱われる私の体は想像以上に敏感に反応してしまい、片岡君を喜ばせている。

彼の手がショートパンツに滑りこみ、湿ったパンティーに侵入してきた。茂みを指でかき分けながら、円を描くように小刻みに進む。

私は、自分の体がセックスを覚えていたことに興奮していた。愛液があふれ出て、止まらない。繊細な指の動きが私のつぼみを簡単に熱くさせ、なにがなんだかわからないようになっていた。

「あっ、そこ、あぁっ」

あまりの気持ちよさに、私も思わず片岡君の分身をボクサーパンツの上から握っていた。

「ぐっ」

彼が声を出す。

その部分は我慢汁で湿り気を帯び、パンツを引き下げると巨大化した薄ピンク色のペニスがぴんと上を向いて輝いていた。

かなり大きい。そのわりに、ぶらぶらする睾丸《こうがん》は控えめでかわいいと思った。

がっちり根元を握り、少しだけスライドすると、片岡君が苦しそうに息を漏らす。

私はもう待てなかった。この素人童貞年下君のペニスが欲しくてたまらない。

「もう入れて」

ぱっくりと開いたまま待っている私の割れ目に、片岡君が入ってきた。

「うっ、あったかい……」

「あぁ、いい……でも、まだ動かないで」

「はい、あぁ、気持ちいい」

直角に反り立ったペニスが、私の奥につんつんと当たっている。彼はなにも動かず目を閉じているだけなのに、荒くなった呼吸に合わせて快感の波が押しよせてきた。

「あぁ……だめです」

「だめって、だめだよ。まだ、だめだって」

「でも、あぁっ、俺、もう無理」

とてつもない射精の予感が片岡君を襲っているようだが、必死で戦っている表情は、私をよけいに淫らにしてしまい、逆効果だ。思わず私が腰を動かした瞬間、

「で、出ちゃった」

か細い声が聞こえ、私の中からじゅわっと白濁液があふれてきた。

「はあはあ……」

まだ荒い息を吐いている片岡君の隣で、私は妙な達成感を味わっていた。私が片岡君のはじめての素人になったのだ。

こうして愛欲に溺れた関係がはじまり、三カ月がたとうとしたある日、私が疲れて帰ると、片岡君が下着姿で横になってテレビを見ていた。

「遅かったね」

「バイトが休んで、私が代わりに行ってたから」

「ふーん、仮病？」

その言葉にいらっとしたのか、抱きついてきた彼の髪のひどい寝癖にいらっとしたのかはわからない。ただ私は、不機嫌になった。

そんな私の気持ちも知らず、いつものようにうっすら笑みを浮かべ、スカートを強引にまくりあげ、くたびれたパンティーをずり下ろす。

「ちょっと、待って。だめ、だめだって」

「待てないよ」

「いやだ、あぁ、待って……」

「感じてるくせに」

片岡君のペニスにとりこの体は、うしろから彼を受け入れる準備ができていた。クローゼットの扉に手をつく私を、片岡君がぐっと突きあげる。

自然と上下にふたりの体が動くせいで、あっという間に私はエクスタシーに達してしまった。

「うっ、俺もイクよ」

片岡君もほぼ同時に達し、私の背中に顔を埋め、呼吸を整えていた。髪をなでることも、抱きしめることもなく、ティッシュで処理をはじめる。

私はその姿を冷静に眺めながら、無情に勃《た》ってしまう片岡君の分身がとつぜん恨めしくなった。

「ねえ、もう会えないかも」

「え、なんで？」

片岡君の視線は、私ではなくテレビに向けられたままだ。

「お見合いするかもしれなくて」

「そうなんだ……意外だね」

片岡君はなにも深くは聞かず、私の言葉を否定もしない。まるで私が振られたような空間だ。それは、回転ずしで素人童貞だと告白されたときの空気と似ていた。

「ふーっ」

大きく深呼吸し、片岡君のうしろ姿を見つめる。

私はセックスがしたかっただけなのに、いつから彼の心が欲しくなっていたのだろう。

足下にまるまっているパンティーを、ゆっくりと穿《は》きなおす。下を向いても涙は出ないけれど、私の心は泣いていた。

アソコの毛を剃っていたなら

埼玉県・自営業・五十九歳・男性

私は理容学校を出て、ある町の「バーバーやなぎ」で、見習いとして働きはじめました。

そこにはオヤジさんと呼ばれているご主人と奥さん、先輩の雄介《ゆうすけ》さんと私の四人で、いわゆる普通の理髪店でした。そして、オヤジさんたち夫婦には短大に通うキュートな娘がひとりいました。

オヤジさんは気のいい人で、店の雰囲気は和やかで働きやすい職場でした。

奥さんの陽子《ようこ》さんは、家事をこなしながら、店に出て洗髪や掃除などをしてよく働く人でした。笑うとチャーミングで、四十代後半には見えない容姿をしていました。

八歳年上の雄介さんはイケメンで、なかなかのモテ男。真面目に仕事をする一方、セックスについても隠さず話す人でした。

仕事帰りに駅まで歩いていて、好みの女性のタイプについて話をしていたときでした。

「今、つきあっている彼女は、タイプではあるんだけど、どうもアレがうまくなくてなぁ」

ごく普通に雄介さんが言い出しました。

「アレって、なんですか」

「フェラチオ。どうも歯が当たるんだよなぁ。そうじゃないって、今、教えているところなんだけどね」

私は返す言葉がありませんでした。十九歳の童貞だった私は、女の子とつきあったこともありませんでした。

もちろん、フェラチオは知っていましたが、歯が当たるとはどんなものなのか、アパートに帰って自分のモノを握って想像しながらオナニーしたものでした。

この店では年に一度、全員で一泊二日の旅行をすることがありました。社員旅行に当たるもので、旅費はすべてオヤジさんが出してくれました。短大生の娘さんはサークルの合宿と重なり不参加で、四人で温泉地へ向かいました。

ホテルで湯に入り、食事をしてホテル内のスナックでカラオケに興じて、ひとり出ていった雄介さんを除いた三人でオヤジさんたちの部屋で飲みなおしました。

三十分もするとオヤジさんは赤い顔で立ち、ふらつく足で布団が敷いてある隣の部屋へ行ってしまいました。

「最近はお酒に弱くなって、すぐ寝ちゃうのよ」

陽子さんが赤い顔で言うと、隣からオヤジさんのいびきが聞こえてきました。

「圭太《けいた》くん、最近がんばっているわね。うちの人も褒めているわよ。もうすぐ一人前ね」

「いやぁ、お世話になって半年以上になりますが、まだ顔そりも慣れなくて、緊張しちゃいますね。オヤジさんからはカミソリを持たない左手の使いかたが大切なんだと言われますが、どうもうまく剃《そ》れないですね」

「そう。でも、経験を積めば大丈夫よ。カミソリを使って剃る経験をね」

そう言って、陽子さんは日本酒を飲みつつ私を見つめました。それは仕事場では見せたことがない妖しい目でした。

「ねぇ、ここで毛を剃る経験だと思って、やってみない」

「えっ、剃るって、奥さんはヒゲがないじゃないですか」

フフッと笑って奥さんの陽子さんは、座椅子ごと私のほうに向かいました。

「ヒゲじゃないわよ。ここよ」

陽子さんは私を見つめながら足を引いて膝を立て、ゆっくりと両足を左右に開いていきます。浴衣の裾から太ももが見えはじめ、そして見えたのです、アソコが。

驚くことに陽子さんは下着をはいていませんでした。そこは毛むくじゃらでした。

ふっくらとした股間の丘には、濃い恥毛がまとまりなく生い茂っていました。

私ははじめて女性のアソコを見たことよりも、明るく快活に仕事をこなす陽子さんが、股を開いている光景が信じられませんでした。

「ここを圭太くんに剃ってほしいの、練習だと思って。どう。それともお酒に酔っていてできないかしら」

「いえ……」

私は吸いよせられるかのように陽子さんの脚の間に頭を入れ、見入ってしまいました。お酒は元来弱く、私は食事のときに少しビールを飲んだくらいで、あとはウーロン茶ばかりでしたから、酔ってはいませんでした。

しかし、あまりの興奮で息がつまり、頭がクラクラしてきました。

目の前にあるのは密林の中の赤黒い秘境でした。ぷっくりとした肉の土手にも毛がまわりを囲むように生えていて、縦線の割れ目からは薄紫色の花びらがはみ出していました。

そして花びらの中の柔肉は、蛍光灯の明かりを受けて光り、花びらの合わせ目の包皮の下からは、小粒のクリトリスが顔をのぞかせていました。

想像していたものとはまったく違っていました。私の肉棒はパンツの中でこれ以上ないほど硬くなって浴衣を押しあげています。

「ねぇ、どうしたの。さては、はじめてなんだな、ここを見たのは。どう。女性用のカミソリを持ってきているから、それで剃る？」

私は返事をすることもなく、手を伸ばして密林地帯を触ろうとしました。しかし、そこまでが限界でした。

私は立ちあがり、陽子さんを残して部屋を出て、露天風呂へと走っていきました。

自分では覚えていませんが、きっとなにか大声で叫んでいたと思います。

そして風呂に飛びこみ、夜空を見あげて息を整えました。幸い私のほかに人はなく、露天風呂の岩陰に立って、いきり勃《た》つ肉棒をしごいたのでした。


「ホント信じられませんでしたよ」

旅行から戻った翌日、仕事帰りに入った店で食事しながら、私は雄介さんにあの晩のことを言いました。

「ハハハ。せっかくなんだから剃ってやればよかったのに」

「そんなことできないですよ。オヤジさんの奥さんの陽子さんですよ」

「そうだなぁ。しかし、またやったんだ、陽子さん」

雄介さんはニヤリと笑って言いました。

「えっ、またとは、どういう意味ですか」

「おまえの前に入ったヤツも同じ目にあったそうなんだ」

「ええっ」

「そいつも新人で店に来て、はじめての旅行で奥さんの陽子さんに誘われたんだよ。

アソコをご開帳してみて、ここを剃ってちょうだい、と言われたと言ってたなぁ」

私は足を開いてみたときの陽子さんの妖しい目を思い出していました。

「それで、その人はどうしたんですか」

「それがなぁ、やれなかったんだよ。酒を飲みすぎて気持ちが悪いところに誘われて、興奮と酔いとで気持ち悪くなって、トイレに駆けこんだんだとさ」

「あちゃぁ、トイレですか」

「ゲーゲーと吐いて部屋に戻ったら、もう陽子さんの姿はなかったと言ってたよ。そりゃぁそうだよな。アソコを見せて気持ち悪くなられたら、女の人はみんなショックだろう」

「そうでしたか」

と言った私は、少し安堵《あんど》しました。私の前の人も剃れなかったことに、なぜかホッとしたのです。

「陽子さんって、酔うと脱ぎ出す露出狂の気があるのかな」

「でも、俺もやらなくてよかったですよ。アソコを目の前にして剃っていて、オヤジさんが起きて襖《ふすま》を開けて入ってきたらたいへんなことになっていたわけですからね」

「起きていても入ってこなかったと思うよ」

「それはないでしょう。自分の奥さんに俺がそんなことをしていたら……」

「俺の想像だけど」

と、私の言葉を遮って、雄介さんは言いました。

「案外オヤジさんたちの仕組んだ遊びだったのかもよ」

「遊び？」

「そう。純情な若者を相手に、陽子さんに誘わせて、その姿を見てオヤジさんは喜んでいたのかも。襖を少し開けて、自分のイチモツを握りしめて……」

「そんなぁ。やめてくださいよぉ」

言いながら私は想像してしまいました。高いびきは寝入ったように思わせる嘘《うそ》で、そっと襖を少し開けて、ニヤけた顔のオヤジさんがイチモツを握って立っている姿を。

そして、今日のふたりの姿と比べました。いつもと同じように陽子さんは明るく動きまわり、オヤジさんはホテルの料理が今ひとつだったなどと屈託なくしゃべっていました。

あれが本当にたんなる大人の遊び、悪ふざけだったのかはいまだにわかりません。

それから数日後、雄介さんに言われました。

「圭太、これで吉原《よしわら》に行ってこいよ。今度の休みの日に俺がいい店を予約しといてやるからさ」

競馬で大穴を当てたという雄介さんは、私にお金が入った封筒をわたしながら言いました。

「君はまず経験しておくべきだ。これで筆おろしをしてもらってこいよ」

私は言われるまま吉原のその店に行き、初体験をしました。

相手をしてくれたのは三十代のベテランで、彼女のアソコの毛はきれいに整えられていました。

私は剃られて毛のない肉土手に夢中で舌をはわせつつも、あの晩の陽子さんのことを思っていました。あのとき陽子さんの陰毛を剃っていればよかった、そして、いつかはここの毛を自分の手で剃ってみたいと思ったのでした。

翌年の旅行はありませんでした。予定していた時期にオヤジさんの古くからの知り合いが急死し、オヤジさんと陽子さんが泊まりがけで北海道に行くことになり、代わりにおまえらだけでどこかに行ってこいと、お金をくれたのです。

七月の下旬、オヤジさんたちが店を空けた二日間が休みとなり、私と雄介さんは千葉の勝浦《かつうら》にある海辺のホテルを予約して一泊二日の旅行をすることにしました。

メンバーはほかに雄介さんの彼女と、オヤジさんのひとり娘で短大生の純子《じゅんこ》でした。オヤジさんたちといっしょに行かず、なぜか私たちの旅行に加わったのでした。

東京駅で待ち合わせをしましたが、雄介さんといっしょに来た女性は春香《はるか》という名前で、スラッとした体形で目もとの涼しい和風の顔立ちをした美人でした。

初対面ながらすぐに打ち解けて、泊まるホテルの前の海水浴場で遊び、夕食のあとは私と雄介さんの部屋で二次会をすることにしました。夕食会場から部屋に戻る途中、雄介さんが私に耳打ちしてきました。

「俺と春香は少ししたら抜けるから、おまえは純子ちゃんとよろしくやれよ」

「えっ、俺と彼女のふたりだけになるんですか」

私は驚いて言い返しました。

「あの子はおまえに気があると俺は思っているんだ。だから、旅行に誘ったら、うれしそうにしてたし、先月には俺に、圭太くんって、彼女いるんですか、と聞いてきたからな。いやじゃなければ、楽しく相手してやれ」

四人で酒を飲みつつ、トランプをしましたが、私はこのあと、純子とふたりだけになったらどうしようかと考えて、トランプどころではありませんでした。

一時間ほどして、私に言ったとおりに春香さんと夜の浜辺で涼んでくると言って、雄介さんは出ていこうとしました。

部屋を出ていく前に、雄介さんは私を部屋の外に呼んで、コンドームを手わたしました。

「こ、これって……」

「まぁ、なるようになったら使えよ。鍵がかかっていたら、俺たちは彼女らの部屋に入って、寝るようにするからさ」

私が部屋に戻ると、純子はテレビを見ていました。私はテーブルを挟んで座り、話しかけてくる彼女の言葉に適当に返事をしながら、雄介さんたちのことを考えていました。

(コンドームを持っていったということは、外でヤルのか)

そして、私は雄介さんの肉棒を頬張る春香さんの姿を想像していました。

(フェラチオで歯が当たる、と言っていた女性は春香さんだったのかな)

缶酎ハイを片手に、純子が赤い顔を近づけてきます。

「なに考えているの、ねぇ」

「えっ、は、春香さん」

と言って、私はしまったと思いました。

「ええっ、春香さん……フフ、そうか。圭太くんは、ああいうタイプの人が好きなんだ。へぇ」

「違うよ。からむなよ」

「そうねぇ、スタイルはいいわよね。スラッとして、出るところは出て。それに比べて私なんか、ダイエットしなきゃいけないかなぁ」

「でも、純子ちゃんもなかなかのもんだよ」

「それ本当？　本当にそう思ったの」

うれしかったのか、少し表情を明るくして、純子は私の顔をのぞきこんできました。

そのトロンとした目を見て、私は調子に乗って言ってしまったのです。

「ひとつ気になったことがあったんだけど、言っていい？」

「なに、なんなの？」

「言っていいのかなぁ。じつはね、純子ちゃんが日焼け止めを塗っているときに見えたんだ」

「見えたって、なにが」

「なにがって、ビキニからはみ出していたんだよね、ヘアが一本」

「へ、ヘアって……」

とたんに純子は目をつりあげて、両手でテーブルをたたいて部屋を出ていきました。

(ああ、やっぱり下手な冗談を言うんじゃなかった)

私は頭を抱えました。これで明日から顔を合わせても、無視されるのだろうと思いました。

そしてふさぎこんでいると、数分後に勢いよくドアが開き、純子が入ってきて、私の前に立ちました。

「これでも見えたって言うの」

純子は穿《は》いていたボーダーのハーフパンツを脱ぎました。ハーフパンツの下は下着ではなく、ビーチで穿いていたビキニのボトムでした。

「ビキニラインは、おとといちゃんと確認したんだから。はみ出ていたなんて嘘よ」

きつい表情で私を見下ろしている純子のビキニは、私の目の前でした。そして、私は雄介さんが言った言葉を思い出しました。

(あの子はおまえに気がある)

私は純子の腰にタックルするかのように抱きつき、押し倒しました。

「な、なにするの。やめてよ、やめてってば」

私は純子に顔をぶつけるようにして彼女の唇を奪いました。はじめはキスを避けるように顔を動かしていた純子は、すぐにおとなしくなり、私を見つめました。

「私のこと、好き? 好きなら、いいよ」

「純子ちゃん……」

私は彼女の要望で明かりを落とし、彼女を裸にしていきました。そして左右の乳房を外から寄せて押しあげ、乳首に吸いつきました。

「ああ、くぅっ」

私は喉がカラカラで、ジーンズの中の肉棒は暴発寸前です。

「もっとやさしく、ねぇ、お願い」

焦る気持ちを必死で抑えながら、胸から下に舌をはわせていきました。そして、ビキニにたどりつき、手をかけました。

「イヤ、恥ずかしい……」

私は足をひろげさせて、ついに純子の花園へと顔を近づけました。

純子の恥毛は、母親である陽子さんのとはまるで違いました。そこは密林なんてことはなく、親子でも似るわけではないのだと思ったのでした。

彼女のデルタ地帯の毛はやわらかそうに茂り、ビキニラインのあたりは自分で処理をしたあとが見えました。私は思わずその剃られた部分を舌で舐《な》めました。

「ああっ、だめ、そこは」

純子の切羽つまった声を聞きながら、私はそっと指を当てて、閉じられていた陰唇を左右にひろげました。

その中にはきれいな桃色の柔肉があり、舌を伸ばして、花びらとともに全体をねっとりと舐めあげました。

一瞬顔を上げてみると、純子は手を口に当て、必死に声を抑えながらあえいでいました。

私は、やさしくしようと思いながらも花園を舐めつくし、陰唇のくにゃくにゃした感触を夢中で味わっていました。

「ねぇ、もう、お願い……あぁっ」

私はその声を聞いて立ちあがり、もらったコンドームをつけて純子の中に押し入っていきました。

もちろん、スムーズにいったわけではなく、少し手間取ったすえに純子とひとつになったのでした。

それから純子と私は、オヤジさんたちに気づかれないように店から遠い場所で会い、デートをするようになりました。

雄介さんにはこの店の跡取りになるのか、などと言われましたが、それもまんざら悪くはないと考えている自分がいました。

あとで聞いた話では、純子はあの夜がはじめてではなく、二度目だったそうです。

高校時代の彼氏に無理やり入れられて、セックスに対して嫌悪感を抱いていたということでした。

しかし、今は会えばほとんどホテルに入っていきます。フェラチオもうまく、歯が当たるということはなく、ときどき私のほうが彼女の口の中で暴発してしまうほどでした。

そして、あの夏の日から三カ月ほど過ぎた十月の下旬、純子が私のアパートに来ました。

これまで何度か来たことはありましたが、知っている人間に見られたらいやだと言って、あまり寄りつきはしなかったのです。

「圭太に、顔を剃ってほしいの」

と、彼女は少し硬い表情で言いました。女性もたまに顔そりのために理容室に来ることがあります。顔そりをすると化粧の乗りが違うのだそうです。

なんでわざわざ私の部屋に来たのか、お店で雄介さんらに剃ってもらうこともできたのに、と不思議に思いましたが、彼女をベッドに横たわらせて、丁寧にカミソリを顔に当てました。

そして顔そりが終わり、体を起こした彼女にキスをしました。しかし、それだけで帰っていったのでした。

一週間ほどたった日の閉店後、私は陽子さんに呼ばれました。居間にはオヤジさんもいて、酒を飲んでいました。私をソファに座らせると、陽子さんはあらたまった表情で言いました。

「純子がね、お見合いをしたの」

「えっ、お見合いですか……」

そのあとは言葉が出ず、黙って聞いていました。陽子さんによると、この町を中心にしてドラッグストアやガソリンスタンドを手広く経営している家の次男坊が純子を見そめて、知り合いを介してお見合いの話を持ってきたそうです。

陽子さんは、すまないが、純子のことはあきらめてほしいと言いました。

「わかりました」

私はひとことだけ口にして、その居間から出ました。

アパートに戻ると、部屋の前に純子が泣きそうな顔をして立っていました。

私の部屋には入らず、駅裏のラブホテルに入り、ベッドに腰かけて、私は純子の話を聞いていました。

「私、ひどい女よね。つきあっていながら、お見合いして、それで、別れます、だなんて」

純子は泣きながら、先月健康診断を受けたオヤジさんにがんが見つかり、陽子さんとふたりで医者から余命半年だと言われたことを打ち明けました。

そして母親の陽子さんから、花嫁姿をオヤジさんに見せてあげてほしい、と懇願されたので、はじめて私とつきあっていることを親に話したのだそうです。

「このまえ顔そりをしてもらったけど、あの二日後にお見合いをしたの。本当は別れを言うつもりだったんだけど……」

「わかったよ。終わりだね」

と言って、私は部屋を出ようとしました。すると、純子はうしろから抱きついてきました。

「最後に、最後にしてあげる。圭太のしたいことはなんでもしてあげる。それで許してもらおうなんて思わないけど……」

「それなら、最後に純子の毛を剃らせてくれ。アソコを……」

十分後、純子は全裸でベッドに横たわりました。私は少し熱めの湯で濡らしたタオルをかたく絞り、それをデルタゾーンに押し当てました。

次に洗面所にあったシェービングムースを、彼女の花園を包むように満遍なく塗り、男性用のT字カミソリで剃っていきました。

純子は黙って目を閉じていました。

もともと毛質もやわらかいうえに、母親と違って量も少ないので、あっと言う間にツルツルのパイパンができあがりました。

タオルで無毛の花園を拭いてから、私はそこに口をつけ、剃り残しがないことを舌で確認したのでした。

「あ、ああ、そんな……」

それが最後でした。私はセックスすることなく、ひとりで部屋を出ました。

私は一週間後には「バーバーやなぎ」を辞めて、そのあと独立しました。風の噂《うわさ》では、オヤジさんは純子の結婚式の二カ月後に亡くなったそうです。

あれから三十五年が過ぎましたが、今でも女性が顔そりに店に来ると思い出すのです。

あの陽子さんと純子の母娘《おやこ》のアソコの毛を……。

お預けと解禁の事情

長野県・会社員・四十三歳・女性

「山越《やまこし》さん、今から紹介状書きますから、すぐに大学病院に入院して、治療してください」

令和二年二月二十一日、私はかかりつけの医師に呼び出され、開口いちばんこう告げられた。

「え、入院…どういうことですか？」

「血液の病気です。昨日の血液検査で、一般の人が出ない芽球数値が出ています」

血液の病気……なんで……ウソでしょ……。

パニックになった。

「先生、私、今仕事の途中で来てるので、いったん会社に戻りたいんですが……」

「ダメです。すぐに大学病院に行ってください」

病院を出たあと、私はしばらく呆然《ぼうぜん》としていた。

言われてみれば、確かに予兆はあった。一カ月くらい前から微熱や喉の痛みがつづいていたし、息切れや疲労が頻繁に起こっていた。

今月初旬から無数の点状皮下出血が出はじめ、次第に上半身にもひろがりはじめたので、あわてて内科に駆けこみ、血液検査を行い、翌日、病気を告げられたのだった。

私は山越涼子《りょうこ》、四十三歳。小柄で痩せぎみ。ダンス、ジョギングと、体を動かすのを日課として食事にも気を使っている。

これだけしっかり健康を意識していたのに……。

ショックを受けながらも、大学病院に到着して受付を済ませると、さっそく検査がはじまった。採血、心電図、心臓のエコー、CT、そして骨髄検査。ひととおり終わると、担当医師からあらためて血液の病気を宣告された。

絶望の気分のまま待合室に戻ると、両親と恋人の克俊《かつとし》が座って待っていた。

「涼ちゃん、検査どうだった？」

私の姿に気づいた克俊が駆けよってきた。

「うん……やっぱり血液の病気だって……骨髄液を吸引したから、まだいろいろと検査するみたい」

私は涙ながらに話した。

「それでどのくらい治療するんだって？」

「何回か分けて治療するみたいだけど、とりあえず今回は一カ月くらいかかるって」

「一カ月もか……面会はできるの？」

「感染症の恐れがあるから、面会はいっさい無理……」

そこまで話して、私はハッとなった。

このひと、またフーゾク遊びはじめちゃうかも……。

恋人の克俊は私より十歳上の五十三歳。ダンスサークルで出会い、交際をはじめて七年目。結婚歴はなく、恋人がいた期間も短かったようだ。

フリー期間はフーゾクで性欲を満たしていたらしく、その習慣からか、私と交際している間にも、フーゾクに通いつめている期間があった。性欲は旺盛らしい。

「克俊くん、一カ月間、電話くらいしかできないけど、大丈夫。いろいろと我慢できるかな？」

私は遠まわしに、皮肉もこめて聞いてみた。

「俺は大丈夫だよ。涼ちゃんこそ治療、がんばってね」

私の皮肉はみじんも通じず、克俊はガッツポーズをした。

こんな状況でも、恋人の性欲処理を疑ってしまう私もどうかと思うが、仕方ない。

そして、そのまま両親と克俊に見送られながら、人生初の入院。しかも無菌病棟での治療となった。

無菌のふたり部屋は入口側にトイレ、洗面所があり、二台のベッドの前にはやっと通れるくらいのスペースしかなく、かなり狭かった。ベッドの上にはアイソレーターという空気清浄装置、サイドにはビニールのカーテンが下がっていて無菌状態に保ってある。

最初の治療がはじまった。血液の病気の治療というと副作用がひどく、過酷なイメージがあるが、医学の進歩のおかげで私は軽い副作用で済み、入院生活もマイペースで過ごせた。

「克俊くん、今は血液の数値が低いけど、そのうち回復してくれれば、一時退院になるからね」

毎日の克俊との電話で、私は経過を伝えた。

「一カ月、長かったね。やっと会えるのかあ」

電話口から克俊のうれしそうな声がした。

「ね、涼ちゃん、一時退院のときにエッチしていいのか、先生に確認しておいてね」

「えっ、先生にそんなこと聞くの？」

「聞きづらいと思うけどさ……頼むよ」

聞いておいてと言われても……そんな確認をする患者って、いるんだろうか？

ちょうどそのころから血液数値の回復にともなう「回復熱」で高熱が出ていたが、ステロイドの注射で一気に熱が下がったので、一時退院中も予防のためにステロイドの服用薬が処方されることになった。

「ステロイド剤は免疫抑制の作用がありますので、感染症には注意してください」

回診のとき、主治医がそう注意した。

「先生、あのぅ……パートナーとのスキンシップというか、そのぉ……接触は平気でしょうか？」

私はしどろもどろにたずねた。

「あっ……そうですねぇ……」

主治医は少し考えながら、言葉を選ぶようにして説明してくれた。

「やはりステロイド剤を服用している間は免疫力が下がるので、刺激により傷ついてしまうと、そこから菌感染してしまうことがあるので……今回はパスしていただきたいですね」

「はあ……そうですか……」

私があまりに落胆した表情をしていたからか、主治医はいったん出ていったものの、ふたたび戻ってくると、コピーしてきた用紙を私にわたした。

「ここに詳しく書いてありますから」

そこには治療にともなう「性生活について」の説明が載っていた。要約すると、ステロイド内服時は性交渉を控えること。性行為は特定のパートナーとだけ、必ずコンドーム着用。口や肛門を使った行為は厳禁――とのことだった。

「今は感染症にかかるとたいへんなので、注意してくださいね」

主治医が念を押した。

入院生活一カ月後、一時退院した私は克俊と隣町のラブホテルに向かっていた。

「あのね、先生が挿入やオーラル行為はまずいって……」

「わかった。俺は大丈夫だから」

と、落胆する様子は見えない。ホテルの部屋に入るやいなや、克俊が私の背後にまわり、抱きしめてきた。すでに硬くなっていたものがお尻をつつく。

「克俊くん、今回はいろいろ禁止されてるけど、どうする？」

「だからぁ、大丈夫だって。いくらでも気持ちよくなれるからさ」

克俊が私の手を取り、ベッドに向かった。着衣のままあおむけになり、私を自分の上に乗せる。そして、キスをしながら、私のお尻をなではじめた。

「私、治療で痩せたから、お尻の肉がずいぶん落ちちゃったかも……」

私がそうつぶやくと、克俊は感触を確かめるように、下からお尻をあらためて揉《も》みまわし、

「うーん、まだやわらかさはあるから大丈夫」

そう言いながら、手を胸にスライドさせてきた。

「あっ……」

私は思わず声をあげた。ゾクッと感じたのだ。

「あのね、おっぱいも小さくなったかも……」

「そうか。服、着たままだとわからないな。お風呂で確認してみるよ」

そう言うと、克俊はサッと起きあがり、風呂場へ向かった。私も起きあがり、あとにつづく。

このときの私の体重は三十九キロまで落ちていた。治療中はどうしても落ちてしまうのだ。

「ここ、お風呂マットがあるよ」

先に湯船に入っていた克俊がうれしそうな声をあげた。確かに畳一畳分ほどのマットが浴槽のわきに敷いてあった。私は克俊と向かい合わせに湯船に入り、お湯の中でペニスに触れた。

「うっ……」

克俊が声を出した。

「克俊くん、もう先っぽがヌルヌルしてるよ」

「お湯の中でもわかるの？」

「わかるよ。だって、いっぱい出てきてるから」

私が勃起をなでまわしていると、克俊が私を引きよせ、キスをしてきた。

「涼ちゃん、おっぱい、確認してあげるよ」

そう言うと、克俊は私の胸に触りながら首を傾けた。

「やっぱり小さくなった？」

「うーん、そんなに変わらないと思うけど……」

その言葉がお世辞だとしても、私は少しホッとした。克俊が立ちあがり、浴槽に腰かけた。私は湯船に入ったまま、彼の両脚の間にひざまずく。

まだ分泌液を湧き出させている勃起の先っぽを咥《くわ》えようとしたとたん、克俊が制止した。

「涼ちゃん、ダメだ。今日は禁止だろ」

「あ、そうだった。ごめん」

主治医の助言を忘れ、その気になっていた自分を恥じた。

「今日はね、これ、持ってきてるから」

言いながら、克俊が持参していたローションを自分のペニスに垂らすと、私はひざまずいたまま、ローションまみれのものに手を伸ばしてなでた。

「ああっ、気持ちいいっ……」

克俊の体が、ピクッと跳ねた。

私は勃起の先端をこねまわしながら、彼の乳首を軽く舌先で舐《な》めてみた。

「うっうっ、それ、気持ちよすぎだよ」

「克俊くん、こうして同時にされるの、好きでしょ」

私は乳首に舌をはわせたまま、勃起を上下にしごいた。

「ダ、ダメだ。イッ、イッちゃうよ」

そう叫んだとたん、彼は私の手の中で射精したのだった。

「今のは半イキだから、まだ終わってないよ。つづきはこのマットの上で……」

そう言いながら、克俊はマットの上にあおむけで横たわった。放出したばかりだというのに、ペニスはまだ屹立《きつりつ》したままである。

私が克俊の上に乗ると、彼は下から私の胸をつかみ、舐めはじめた。

「うぅ……今日、私はお預け状態なのに……」

訴えたが、彼は無言のまま乳首にむしゃぶりついている。私の下半身がうずいた。

「涼ちゃん、ローション使うよ」

彼は先ほどのローションを私の胸に塗りはじめた。

「ああん、ヌルヌルして気持ちいいっ……」

嬌声《きょうせい》をあげながら、私はステロイド服用になってしまった自分の体調を悔やんだ。

こんなに感じているのに、セックスしちゃいけないなんて……。

「涼ちゃん、俺のにもローション塗って」

彼が下からローションを手わたしてきた。

「うん」

私は彼の上に乗ったまま、塗ってあげる。

さっきは半イキだって言ってたから、このあたりで本イキさせちゃおうかな……。

私は彼の睾丸《こうがん》に片手をまわして揉みながら、もう片方の手で勃起の先端を押したり、なでまわしたりをくり返した。彼はこの責めに弱いのだ。

「涼ちゃん、今日はそれじゃダメだ」

「えっ、ダメって……感じないの？」

まさかのダメ出しに、私は手の動きを止めた。

「今日はさあ、擦《こす》り合わせてよ」

「えっ、擦り合わせるって……」

意味がわからず私がじっとしていると、彼が頬を紅潮させながら答えた。

「いわゆる素股ってやつ」

……なるほど。挿入しなくとも気持ちよくなるって、そういうことか。

私はローションを自分の股間に塗り、彼の股間に擦りつけた。ローションのおかげで動きやすい。私は強弱をつけながら、性器どうしを擦り合わせた。

「涼ちゃん、気持ちいいよ」

「うん、今度は本イキして」

実を言うと、私自身も興奮していたので、挿入してもいい気分だったが、そのたびにステロイド剤の存在が頭をよぎった。今日は、我慢、我慢なのだ。

「ああ、ダメだ。イッちゃう」

克俊がうめいた。

私は動きを速める。

「うぁ、イクッ」

私の割れ目で擦り合わせていた克俊のペニスから、精液が放出された。さっきの半イキのときより量が多そうなので、本イキしたのだろう。私は安堵《あんど》と同時に、自分だけお預けされたような気分になった。

一回目の治療がひどい苦しさもなくクリアできたので、二回目以降も難なくクリアできるだろうと私は気楽に考えていた。

だが、治療が進むにつれて、それが甘い考えだったことに気づいた。自分でも気づかないうちに体が疲労していて、みるみる体力が落ちていったのだ。

免疫低下による感染症、体の電解質バランスの崩れ、副作用による吐き気……。

そして、私が最も恐れていたことが起こった。ホラー映画のシーンにありがちな、髪の毛が大量にバサッと抜け落ちるという副作用の脱毛である。

「きゃあぁぁ……」

はじめてそれを体験したときは思わず悲鳴をあげ、束になって抜けた髪を見て、涙ぐんだ。

腰まであった私の長い黒髪は、数週間でほぼ抜け落ち、スキンヘッドになってしまった。

「私、出家できるくらいの頭になったよ」

克俊との電話で、私は正直に伝えた。

「べつにいいじゃん、すっきりして」

「でも、次の一時退院のとき、この頭を見たら、勃《た》つモノも萎えちゃうと思うよ」

「いや、反対に新鮮でギンギンに勃つかも」

克俊が電話の向こうで笑った。彼なりのフォローなのだろうが、私は少し救われた気がした。

そして、徐々に体全体の脱毛も進んだ。手脚、眉、まつげ、そしてアンダーヘアまでもが……。

もともと腋《わき》とVラインは脱毛サロンで処理済みだったから、とくに変化はなかったが、Iラインが抜け落ちたのには喜んだ。

つまり治療中は、いわゆるパイパンだったわけである。

「克俊くん、私、無毛だから、ツルツルなの」

「……無毛？」

「うん、ムダ毛もぜんぶ抜けちゃった。VIOも……」

私は彼の反応が楽しみだった。以前に、パイパン女性をナマで見たことがないと言っていたからだ。

「ふーん、俺はべつにどっちでもいいや」

「えっ、なんで？」

病棟の談話ルームに、私の声が響いた。

「正直、その部分見ないし、気にしてないし」


四回目の治療後の一時退院中、私は克俊といつものラブホへ向かった。回復熱は出なかったので、ステロイド服用は避けられた。だが、今回は脱毛頭隠しでウイッグ着用だし、せっかくの無毛状態なのに、彼のノリがイマイチである。

久しぶりのセックスだというのに、こんなに気が乗らないのは珍しかった。ホテルの部屋に入ると、彼は自分のバッグからなにやらゴソゴソと取り出しはじめた。

「涼ちゃん、今日はこれを着てみて」

手わたしてきたのは、コスプレ用のセーラー服だった。

「えっ、コスプレ？」

「そう。涼ちゃんの前髪ありのウイッグ、すごく童顔に見えるから、ちょうどいいじゃん。それにパイパンなら、なおさらピッタリだし」

克俊が満面の笑みを浮かべた。

電話ではパイパンにまったく興味なさそうだったのに、ノリノリじゃん。

私はセーラー服を持って脱衣所に行った。

今日のパッツン前髪のストレートロングウイッグにセーラー服を着ると、それらしく見えるかも。スカートは下着が見えそうなくらい短い丈だ。

「克俊くん、いかがでしょうか?」

彼は品定めするような目で私を見ている。

「うん、涼ちゃん、似合ってる」

私はベッドで座っている克俊の前に背を向けて座った。さっそく彼がミニスカートから伸びている脚に触れた。

ストッキングの感触を確かめるように何度もなでまわしたあと、私の背後からセーラー服の胸を揉みはじめた。

「着たままでいいの?」

「脱いだら、コスプレにならないじゃん」

ブラジャーははずされたが、セーラー服は脱がされずにそのまま、おっぱいを揉みはじめる。

「あっ、いい……」

私は思わず声をあげた。克俊と背中越しにキスをしながら、彼のズボンの上から股間に触ってみる。

「もうこんなに大きくなってるよ」

私はペニスの形にそってなでてみた。すると、彼はあおむけになって、自分の上に私を引っぱりあげた。彼の手は私のお尻や脚のストッキングの感触を確かめながら、なでまわしている。

「この触り心地もいいね」

「いっぱい堪能《たんのう》して」

私がそう言うと、彼は頬を紅潮させ、少し間を置いて言った。

「その脚で、俺のモノを挟んでみてよ」

私は上半身を起こし、彼の股間部分まで体をずらした。ズボンを下ろすと、ボクサーブリーフの上に、硬直したペニスの形がはっきりと浮き出していた。

ボクサーブリーフを脱がし、太ももでペニスの根元を挟んだ。そのまま上下に動かしてゆく。

「うあぁ、気持ちいいっ」

彼はストッキングの感触が大好きなので、勃起の先端からみるみるうちに先走りの分泌液があふれはじめたのがわかった。

「克俊くん、いっぱい出てきたよ」

「うん、触ってみて」

屹立したペニスを太ももに挟んだまま、先端を指でなでてみた。分泌液があとからあとからあふれてくる。

その液をからめながら、手のひらでこねてみた。

「あああぁ……」

彼が泣きそうな声をあげた。

私はその声にゾクゾクした。

「ああ、涼ちゃん、それ、イッちゃう」

「ダメ、今日はせっかく最後までできるんだからね」

克俊がすぐセーラー服をまくりあげ、私の乳首を舐めた。

「あっ」

私はその瞬間、体が反応し、ザワザワと鳥肌が立った。

「おっぱい、おいしい。もっと食べていい？」

「うん、いっぱい食べて」

彼が私の胸に貪りついた。

「ああん」

私は嬌声をあげながら、ストッキングを穿《は》いた脚で彼の勃起を擦りたてた。

頃合をはかって、私は体をずらし、彼の乳首に唇を当てた。

「んっ……」

彼がビクッと反応した。そのまま私は片方の乳首に舌をはわせ、わき腹から鼠蹊部《そけいぶ》まで爪先を滑らせ、ペニスに触れた。

「あ、それ、ヤバい」

彼が吐息まじりに訴えたが、私はそれを無視し、乳首を舐めながら、勃起を上下にしごいた。

「涼ちゃん、体勢を変えよう」

しばらくして、彼はそう言うと、私の体を逆向きにさせ、シックスナインに移った。

私は勃起の先端を舌先でなぞった。彼はストッキングを穿いたままの脚をなでまわし、ときおり太ももに舌をはわせてくる。

角度を変えながらフェラをしていると、ふと壁の鏡に映っている自分に気づいた。

前髪パッツンのロングウイッグをかぶり、セーラー服を着て、淫らな動きをしている私自身だ。

本当に私は病気なのだろうか……。

と、不思議に思ったとき、彼がストッキングを脱がしはじめたので、われに返った。

とつぜん、彼の舌先がクリトリスに触れた。

「見事にツルツルだね。チクチクもしないから舐めやすいよ」

私の股間から顔を離さず、彼が感心した。

「ねえ、もう入れてもいい？」

私はそう言いつつ、体を起こして彼の上にまたがり、勃起の先端を自分の膣口に少しだけ挿入した。奥まで収めてしまうと、なんだかもったいない気がしたからだ。

そして、ゆっくりと沈めてゆく。すごく濡れているのに、途中引っかかっていく感触が新鮮だった。

「はあ、奥まで入っちゃった」

膣奥に勃起がピッタリとハマっている感覚だ。自分の奥のポイントに当たってくる。

もっと感じるように動きはじめると、

「涼ちゃん、ヤバいからもっとゆっくり」

渋々ペースを落としたが、間に合わなかった。

「あっ、ダメだ、イクッ」

彼が私の体の中から勃起を引き抜いたのと同時に、少量の精液をほとばしらせたのだった。いつもの半イキだ。

私の膣奥がますます熱くなってきていた。

よし、これなら、今日は私もイケそうな気がする。

そう思いながら、私は彼のペニスがふたたび元気になるのを待ったのだった。

この後日、私はラストの治療に入った。かなり苦しく、過酷な状態がつづいたため、入院期間がずいぶん長引いてしまった。
そして令和二年八月八日、無事に治療が終了し、私は退院した。
今はまだ丸刈りだ。これから新たな日々がはじまる。

サンスポ・性ノンフィクション大賞
体験手記募集

「性にまつわる生々しい体験をつづった未発表の手記」を募集します。

応募期間：五月～九月（若干の変更がある場合があります）

応募原稿：四〇〇字詰原稿用紙に換算して二十五枚相当。パソコン、ワープロ原稿の方は記録メディア（CDなど）などを同封してください。

必要事項：題名、氏名、住所、電話番号、年齢、職業を明記してください。秘密は厳守します。

応募先：〒100-8698（住所不用）第2312号
サンケイスポーツ文化報道部「性ノンフィクション大賞」係

選考委員：睦月影郎、蒼井凜花、松村由貴、サンケイスポーツ文化報道部長

賞　金：金賞一〇〇万円、銀賞二〇万円、銅賞五万円、特別賞三万円、佳作二万円。また、入選手記はサンケイスポーツ紙上に掲載。

主　催：サンケイスポーツ　電話03-3275-8948

◉本書は、第二十二回サンスポ・性ノンフィクション大賞に入選し、サンケイスポーツ紙に掲載された手記を収録しています。左記は掲載順。

「不思議ちゃんの美乳」睦月賞（二〇二一年二月八日～十四日）
「猪に喰われた女」銀賞（二〇二一年六月二十八日～七月四日）
「交歓コテージ」佳作（二〇二一年七月十三日～十八日）
「低温火傷の女」佳作（二〇二一年九月十四日～十九日）
「ラブホ難民」特別賞（二〇二一年九月二十日～二十六日）
「ミント味の先生」佳作（二〇二一年九月二十七日～十月三日）
「叔父の妻なおこ姉さん」佳作（二〇二一年十月四日～十日）
「ご近所修羅場」銅賞（二〇二一年十一月八日～十四日）
「青い性愛」佳作（二〇二一年十一月十六日～二十一日）
「ひりつく欲望」佳作（二〇二一年十一月二十二日～二十八日）
「アソコの毛を剃っていたなら」銅賞（二〇二一年十一月二十九日～十二月五日）
「お預けと解禁の事情」佳作（二〇二一年十二月六日～十二日）

◉新人作品**大募集**◉

マドンナメイト編集部では、意欲あふれる新人作品を常時募集しております。採用された作品は、本人通知のうえ当文庫より出版されることになります。

【応募要項】 未発表作品に限る。四〇〇字詰原稿用紙換算で三〇〇枚以上四〇〇枚以内。必ず梗概をお書き添えのうえ、名前・住所・電話番号を明記してお送り下さい。なお、採否にかかわらず原稿は返却いたしません。また、電話でのお問い合せはご遠慮下さい。

【送付先】 〒一〇一‐八四〇五 東京都千代田区神田三崎町二‐一八‐一一 マドンナ社編集部 新人作品募集係

私《わたし》の性《せい》体《たい》験《けん》手《しゅ》記《き》 青《あお》い性《せい》愛《あい》

二〇二二年十一月十日 初版発行

編者◉サンケイスポーツ文化報道部【さんけいすぽーつぶんかほうどうぶ】

発行◉マドンナ社

発売◉二見書房

東京都千代田区神田三崎町二‐一八‐一一

電話 〇三‐三五一五‐二三一一（代表）

郵便振替 〇〇一七〇‐四‐二六三九

印刷◉株式会社堀内印刷所 製本◉株式会社村上製本所 落丁・乱丁本はお取替えいたします。定価は、カバーに表示してあります。

ISBN978-4-576-22157-1 ◉ Printed in Japan ◉ ©マドンナ社

Madonna Mate